売場を科学する

卖场数据化经营

［日］清原和明　著

洪娟　译

人民东方出版传媒
People's Oriental Publishing & Media
东方出版社
The Oriental Press

前　言

大型超市（super market，简称"SM"）导入 POS（销售点信息管理系统）结算的历史已有三十余载。期间，以日本7-11 率先引进的"单品管理"手法为代表，许多企业开始将POS 数据作为管理工具加以有效利用。订货精度的提升、损失的削减、适当库存的维持、与货架管理密切相关的人员工时的削减等，一系列以提升管理层面的效率为目的的措施得以展开。

然而，当 POS 数据出现了 ID（身份识别）功能时，却涌现了许多抱怨"不知道该怎么用"的声音。因为带 ID 的POS 数据有更高的使用要求，即从显示的数据中进一步提炼出更加深层的信息。于是，一个管理工具时期不曾遇到（得益于明确的目标）的新难题出现了——带 ID 的 POS 数据作为一个验证工具，该如何有效地加以利用呢？

为了拉近读者与顾客数据的距离，本书摒弃一切复杂的解析以及专业的分析技巧等，尽量使用一般性分析，引用大量销售方法、商品改善启发性高的实例，从零售、制造厂家的视角，分主题、分章节独立进行介绍。

因此，读者可从任意章节开始阅读。通过阅读本书，即使不具备专业的分析技巧，也可逐渐建立起自己的商业品味。商业品味一旦建立，解读数据的能力自然而然也会随之提升。与此同时，读者也应该能洞察到我们身边的那些数据里面到底隐藏了多少商业启发和机会。

※本书是对商业界发行的月刊《食品商业》上连载的"商业经营的科学化"的 2014 年 3 月刊~2016 年 2 月刊，共计 20 期文章进行部分修改、增删而成。

※本书所记述的顾客数据分析是从 DATACOM 株式会社顾客数据分析应用软件 Customer Journal 所得。

目　录

第 3 章 卖场及销售方法的科学化

第 4 章　商品购买者的科学化

第 **1** 章

顾客购物的科学化

1.
反复购买的代名词 "回头率"
料理用的清酒和健康饮料的关系是?

图片 1 所展示的汉堡帮手（Hamburger Helper）是好侍（House）食品的畅销商品之一。该商品长期获得消费者信赖，已然成为各大 SM 竞相引进的保险商品。

在这里，我建议读者不妨移步任意一家 SM 找找看这个汉堡帮手。我敢保证，要找到它肯定得费一番功夫。

尽管该商品属于基本商品中的常规配置，但它在各 SM 的陈列位置却五花八门，有时甚至还会沦落成没有固定陈列位置的 "不得志商品"。例如某家 SM 将汉堡帮手摆放在了面粉的专柜处（大概是考虑到制作汉堡时需要面粉，所以就把它与面粉归为一

图片 1　House 食品长期畅销商品汉堡帮手（Hamburger Helper）

类了吧)。另一家则将其陈列在了油炸食品粉的专柜。

更有甚者，竟然将汉堡帮手与关联性极其薄弱的粉丝、牛排摆放在一起销售。还有 SM 直接将其与炒饭用的调味料一起陈列。那么，汉堡帮手的容身之所应该在哪里呢？放置在何处才能给予顾客最大的便利呢？借助本次的主题——购物篮分析①，或许可以帮助我们找到这个问题的答案。

图表 1 所展示的就是使用上述的购物篮分析的结果。具体方法为：选取 3 家 SM 的数据，调查与汉堡帮手同时被购买的商品的情况。调查结果显示，3 家 SM 中，Lift 值②靠前的均为汉堡酱汁。不仅如此，占据 3 家 SM Lift 值首位的还竟是同一品牌的汉堡酱汁。

在汉堡帮手陈列位置各不相同的条件下，3 家 SM 仍能得出如此显著的、一致的结果，这一点尤其值得玩味。换言之，汉堡帮手应摆放在汉堡酱汁的货架上，这是显而易见的道理。对于时下某些 SM 仍未固定汉堡帮手的陈列位置的做法，我着实觉得不可思议。当然，诸如以山梨县为中心的 OGINO、首都圈的三德等 SM 确实也把汉堡帮手陈列在汉堡酱汁的货架上，但它们终究是少数。

接下来，我想介绍下其中最特别的 SUMMIT 的野泽龙云寺店的陈列情况。该店在加工食品区的配置上严格贯彻联想

---

① 购物篮（同时购买）分析：一种旨在找出被一起（同时）强烈地购买的商品的数据分析手法。

② Lift 值：购物篮分析中用来表示同时购买倾向的比例。Lift 值越高表明同时购买的概率越大。

图表 1　与汉堡帮手同时被购买的 Lift 值靠前的商品

A 公司

同时购买商品名称	Lift 值
Heinz 汉堡牛肉饼炖煮酱汁 140g	210.2
土豆泥 150g	207.9
Heinz 炖煮汉堡牛肉酱汁 200g	200.0
KAGOME 汉堡牛肉炖煮酱汁 240g	191.3
牛、猪肉的混合绞肉	151.3
炖煮美味汉堡牛肉饼酱汁 340g	149.1
汉堡牛肉炖煮酱汁 250g	134.4
BULLDOG 炖煮酱汁 300g	103.6
EBARA 汉堡牛肉饼炖煮酱汁 225g	97.3
Bistro 汉堡牛肉饼 90g	82.8
牛、猪肉的混合绞肉 M a	73.2
S&B 调味料汉堡牛肉饼 14g	70.6
牛、猪肉的混合绞肉 M b	65.4
牛、猪肉的混合绞肉 L c	61.3
Heinz 一点点炖煮酱汁 3 袋	60.3
牛、猪肉的混合绞肉 d	60.0
牛、猪肉的混合绞肉 M e	59.6
牛、猪肉的混合绞肉 f	57.8
牛、猪肉的混合绞肉 g	57.6
牛、猪肉的混合绞肉 M h	56.9

B 公司

同时购买商品名称	Lift 值
Heinz 汉堡牛肉饼炖煮酱汁 140g	118.7
EBARA 汉堡牛肉饼炖煮酱汁 225g	107.3
Heinz 西红柿炖煮汉堡牛肉酱汁 200g	77.0
HOUSE BistroChef 炖煮酱汁 96g	72.4
Heinz 炖煮汉堡牛肉酱汁 200g	71.3
牛、猪肉的混合绞肉（SS）	70.5
KAGOME 汉堡牛肉饼炖煮酱汁 240g	69.6
DIASOUP 炖煮酱汁 150g	63.1
Heinz 一点点炖煮酱汁 3 袋	62.3
牛、猪肉的混合绞肉 i	62.1
HOUSE 炖煮帮手 94g	61.8
BULLDOG 炖煮酱汁 300g	57.3
HOUSE 豆腐汉堡牛肉饼 53g	46.0
HOUSE Bistro 炖煮汉堡牛肉饼酱汁	43.4
牛、猪肉的混合绞肉 j	40.7
牛、猪肉的混合绞肉 k	37.9
MAMA 红酒制作炖煮酱汁 160g	37.9
牛、猪肉的混合绞肉 l	35.2
KAZAMI 汉堡酱汁	32.6
牛、猪肉的混合绞肉 m	32.4

C 公司

同时购买商品名称	Lift 值
Heinz 汉堡牛肉饼炖煮酱汁 140g	342.7
炖煮美味汉堡酱汁	270.9
日本食研炖煮汉堡牛肉酱汁 340g	237.6
KAGOME 西式汉堡牛肉饼炖煮酱汁 120g	215.2
Heinz 汉堡牛肉饼炖煮酱汁 200g	211.1
KAGOME 西式精选炖煮汉堡牛肉饼酱汁 240g	205.9
Heinz 真正的汉堡牛肉炖煮酱汁 200g	184.7
KAGOME 炖煮汉堡牛肉饼酱汁 240g	134.3
KARUBI 土豆泥 50g*2 袋	130.4
HOUSE 豆腐汉堡牛肉饼 53g	129.1
日本食研炖煮汉堡牛肉饼酱汁 120g	121.2
DAISYO 炖煮汉堡牛肉酱汁 300g	117.6
日本食研晚餐主角汉堡牛肉饼制作 90g	105.5
Heinz 一点点炖煮酱汁 3 袋	100.4
牛、猪肉的混合绞肉 n	92.1
牛、猪肉的混合绞肉 o	84.2
MORANBON 炖煮汉堡牛肉酱汁 250g	81.6
牛、猪肉的混合绞肉 p	78.3
牛、猪肉的混合绞肉 q	77.9
KYUPI SAUCE 俱乐部炖煮酱汁 285g	67.3

2013 年度

法，即通过汇总、归纳，促进顾客联想起饮食的场景。例如某柜台就打出了"今天吃肉吧"的主题，并将与肉类关联的调味料、酱汁等集中陈列销售。汉堡帮手也被摆放在此处。**图表 2** 所展示的就是贡多拉货架上具体陈列的商品。

图表 2 SUMMIT 的野泽龙云寺店"今天吃肉吧"的主题柜台

干炸粉	成吉思汗烤羊肉蘸料 朝鲜烤肉蘸料等
烤鸡蘸料 烧肉蘸料 猪排骨酱汁 印度烤鸡蘸料等	烤肉蘸料
牛排酱汁	烤肉蘸料
汉堡调酱汁	烤肉蘸料
炖汉堡牛肉饼酱汁 炖煮酱汁	烤肉蘸料
炖煮酱汁 白色炖煮酱汁 汉堡帮手	烤肉蘸料
炖煮酱汁 白色炖煮酱汁	烤肉蘸料
炖煮酱汁 白色炖煮酱汁 奶汁烤干酪酱汁	烤肉蘸料

贡多拉货架 2 根

2013 年 11 月视察

本次的主题是购物篮分析。在进行购物篮分析时，有几点需要注意。

实际上，我在文章开头部分提到的购物篮分析，之所以能准确锁定汉堡酱汁是有原因的。汉堡酱汁为小袋包装商品，且一旦开封必须消费完。正是由于这样的商品属性，在成员较多的家庭，一次用完一盒也不足为奇。

关键是在这里提到的"消费殆尽"。因为消费殆尽了，下次一起购买的可能性才会大大提高。

跟挂面一起被购买的只有稀释鱼露汁?

要保证购物篮分析的准确性,必须具备一个重要前提。即关键商品以及对象商品均属于"购买频率高且被少量储存"类的商品。换言之,它们"自购买至消费,间隔时间较短且可同时被消费殆尽"。

在诸如饺子皮、碎肉等保质期极短的生鲜/熟食、日配食品中就存在许多这样的商品,它们在同时被购买后,也会同时被消费。

然而,在类似挂面这类加工食品中,却很难找到可与之同时购买的鱼露汁的规律。由于鱼露汁可长期储存,家庭成员多的家庭即使一次性消费完了挂面,也很难同时消费完浓缩型的调味汁。

所以,想请诸位观察一下**图表 3**。同样是鱼露汁,稀释鱼露汁与挂面被同时购买的规律性却很明显。这应该是得益于稀释调味汁无须再加水稀释且很少被长期储存的商品属性吧。占据第 1 位、第 2 位的稀释鱼露汁的容量均为 300mL 左右,这样的商品即使被一次性消费殆尽也不足为奇。

顺便补充下,在 Lift 值排名前 20 的商品中,浓缩型鱼露汁仅出现了一次,居第 16 位。浓缩型鱼露汁中容量达到 1L 的商品排名更是不容乐观,仅居第 72 位。由此可见,在使用购物篮分析时,同时购买的行为深受同时消费的行为左右,二者关系密切,相互影响。对于这一点我们必须要有充分的认识。

图表3　与挂面同时被购买的 Lift 值前 20 的商品

	商品名	销售数量	同时购买（与挂面一同被购买）商品的销售数量	Lift 值
1	稀释鱼露汁 300mL	34,038	10,914	39.4
2	稀释鱼露汁 330mL	36,063	11,397	38.8
3	稀释鱼露汁 500mL	22,543	7,085	38.6
4	稀释鱼露汁 500mL	13,672	4,275	38.4
5	稀释鱼露汁 340mL	4,082	1,111	33.5
6	稀释鱼露汁 500mL	4,010	1,045	32.0
7	稀释鱼露汁 200mL	810	202	30.7
8	稀释鱼露汁 210g	1,927	345	22.0
9	挂面调味料	8,538	1,434	20.6
10	稀释鱼露汁 250mL	8,463	1,417	20.6
11	挂面调味料	2,972	477	19.7
12	稀释鱼露汁 210mL	5,989	955	19.6
13	稀释鱼露汁 400mL	1,130	179	19.5
14	豆腐皮	2,567	401	19.2
15	荞麦面 200g	12,166	1,826	18.5
16	浓缩型鱼露汁 400mL	751	106	17.4
17	荞麦面 300g	1,323	182	16.9
18	稀释鱼露汁 500mL	5,385	740	16.9
19	揾保乃系	10,769	1,464	16.7
20	稀释鱼露汁 300mL	15,274	2,034	16.4

※同时购买的销售数量不满 100 的除外。　　　　　　　　　　2013 年实际销售情况

迷你西红柿和鱼糕的不可分割关系

将 2 个购物篮分析结果进行比较，你会发现新的玄机。

例如西红柿。将西红柿分为迷你西红柿和其他西红柿，并比较它们的购物篮分析结果。结果显示，迷你西红柿的 Lift 值前几位均为鱼糕（仅种类不同而已）。几家 SM 的结果几乎相同。

乍一看，这样的组合颇让人感到意外。但实际上一旦你

知道这里的鱼糕属于卡通人物商品，就应该能理解。所以也就不难想象出这样的场景——年轻的主妇，为了给上幼儿园的孩子制作便当而购买鱼糕、迷你西红柿。

以上就是通过比较分析得出新结论的事例之一。然而，导致这个结果的原因毕竟算是意料之中的。

有时候，也会有些出人意料的事例。例如在比较午餐时间段的饭团和便当的购物篮分析时发现，人们在购买便当时通常会一起购买茶、杯装味噌汤，在购买饭团时则会一起购买茶、三明治。

便当可以坐下来慢慢享受，可能同时想喝点儿味噌汤。与之相对，饭团通常是因快速、简单解决吃饭问题的需求而被购买的，所以应该很难产生喝点儿味噌汤的闲情逸致。

此外，也有不少 OL（office lady，职业女性）会从三明治和饭团中各选一个自己喜欢的作为午餐。

由此可见，在那些办公楼云集、OL 众多的区域内的店铺，可以考虑将饭团与三明治横向并排陈列，这样一来可以方便那些利用午休时间特意来店购买午餐的 OL，节省他们选择商品的时间。

当然，因为时间段不同（例如午餐时间跟午餐时间以外的时间），其购物篮分析的结果也会大相径庭。这一点是毋庸置疑的。

中华料理展销会上八宝菜成为销售领头羊

接下来，我为大家介绍一个活用购物篮分析的事例。**图表4**、**图表5** 所展示的是中华料理基本商品中 3 种人气商品的购物篮分析结果。

中华料理展销会是一项以加工食品类中华调味料为主，并以关联的生鲜食品为中心，旨在提高食品卖场整体销售额的企划活动。

图表4 所展示的是与干烧虾仁调味料同时被购买的商品信息。如图表所示，同时被购买的商品中，虾几乎占据了全部。此外只有白葱尚值得一提，

图表 4 与干烧虾仁调味料同时被购买 Lift 值前 30 的商品

顺序	同时购买的商品名	Lift 值
1	黑虎虾（解冻大）	57.7
2	巴拿美虾	42.1
3	白葱小捆	18.3
4	白葱 1 捆	10.3
5	日清芥油 1000g	5.5
6	绿色韭菜 1 捆	4.7
7	青椒 1 袋	4.4
8	菠菜 1 袋	4.0
9	明治美味牛奶 100mL	3.9
10	秋葵 1 袋	3.6
11	花椰菜 1 颗	3.5
12	胡萝卜 1 袋	3.5
13	细豆芽 1 袋	3.2
14	以下无	0.0
30	—	0.0

2013 年实际销售情况

其余均可忽略不计。另外，与青椒肉丝调味料同时被购买的商品则几乎被笋、青椒、猪肉 3 个种类完全占据。

图表 5 所展示的是与八宝菜调味料同时被购买的商品情况。除了虾、墨鱼、猪肉、白菜、笋、蘑菇等来自水产、畜产、农产的生鲜三品相关联的商品以外，还有鹌鹑蛋、鱼糕等。商品种类涵盖了食品所有部门。

顾客在购买八宝菜调味料时，同时购买的关联商品件数最多。因此，中华料理展销会也可以称得上是所有 SM 的常

规企划。从购物篮分析的结果来看，尽量避免各菜单千篇一律式的陈列，有意识地以八宝菜为中心进行卖场配置也不失为一个好主意。

此时，需格外留意的是各种关联的生鲜商品的规格（分量）。八宝菜的配材种类比较丰富，因而每一种材料所需要的分量较少。

考虑到八宝菜的上述特点，小分量地包装各配菜进行销售十分必要。例如八宝菜配料之一的白菜，八分之一的量便足够3人到4人食用了。那些通常不会准备八分之一切块白菜的SM，至少可以考虑在中华料理展销会期间，按照这样的小分量来销售。

如此一来，才能真正意义上以"中华料理展销会"的形象得到广大顾客的支持。事实上，顾客的支持正是对购物篮分析结果的进一步验证。

图表5　与八宝菜调味料同时被购买 Lift 值前 30 的商品

顺序	同时购买商品名称	Lift 值
1	AWOHATA 水煮鹌鹑蛋 100g	174.9
2	虾·鱿鱼混合 270g	152.7
3	NISSUI 虾·鱿鱼 210g	134.0
4	中国产 竹笋 1 袋	81.0
5	鹌鹑蛋 10 个装	79.9
6	卷鱿鱼 切片	76.3
7	海鲜混合 300g	53.8
8	白菜 四分之一棵	37.7
9	荷兰豆（日本产）1 袋	33.8
10	白菜 二分之一棵	26.8
11	乌贼	23.1
12	巴拿美虾	22.1
13	黑虎虾（解冻）	17.5
14	生香菇（伞菇）1P	17.5
15	猪腿肉切块 120g	15.8
16	青梗菜 1 袋	15.7
17	生香菇 S 尺寸 1P	15.1
18	猪肉碎块 90g	13.3
19	日本产猪腿肉切块 180g	12.1
20	猪腿肉切块 5180g	11.8
21	日本产猪腿肉切块 240g	11.3
22	日本产猪肉碎块 240g	9.8
23	日本产猪肉碎块 180g	9.8
24	日本产猪肉 碎片 180g	9.1
25	猪肉卷 日式火锅 180g	8.8
26	鱼糕 红 100g	8.6
27	洋胡萝卜 3 根	7.6
28	青椒 1 袋	7.2
29	日本产猪肉碎片 120g	7.0
30	生香菇 1 袋	6.7

2013 年实际销售情况

以人为篮的同期销售分析

正如我前面所述，尽管有相关性，但由于消费时间段等的不同，许多事例并不适用于同时购买分析。

于是，与以人为篮的同期销售分析登场了。使用同期销售分析可以将同时购买无法捕捉到的相关性明确传达出来。

同时购买分析对象为购物篮，即同一个购物篮里都放了哪些物品。而同期销售分析的对象为人，即在特定期间内，同一个人都买了什么物品。也可以说这是一种"把人当作购物篮看待"的分析手法。我尝试使用该分析手法以花王的清凉系列为重要线索，调查了茶类饮料、食用油、蛋黄酱等同期销售产品。

在这里我事先建立了一个假设。即购买清凉系列的消费者对于身体脂肪的关注度高，因此在购买食用油、蛋黄酱等商品时应该也会选择低卡路里类品种。其结果与假设一致，在比较的所有商品中，出现在 Lift 值靠前位置的商品均为低卡路里类品种。因此可以说，对于那些使用同时购买分析很难体现规律的加工食品，不妨考虑采用同期销售的分析手法，这样一来相关性便可一目了然。以上的花王清凉系列就是一个例子。

有的时候，即使不借助购物篮分析、同期销售等手段，也可通过对某特定商品（群）的重度消费者或者重复消费者进行分组，并将该组的购买特性与其他组做比较，从而得出新的关联性。不少事例均可活用于货架的协调性、关联销售的必要性、合理性的评价等。

这里我想介绍一个与泰国咖喱罐头的卖场配置相关的分析事例。**图表 6**是将泰国咖喱罐头重度消费者的全部咖喱购买实绩按照由高到低的顺序排列的结果。结论一目了然——软罐头类咖喱几乎独占鳌头。软罐头与罐头的共同点在于二者皆为简便性很高的商品。

从软罐头泰国咖喱的购买人数高居第 1、第 3 位的现象，我们也能认识到还是有不少人对这类充满民族特色的事物感兴趣的。尽管很多 SM 都会把泰国咖喱罐头陈列在罐头柜台，但罐头的重度消费

图表 6　INABA 泰国咖喱购买情况调查（排名靠前的 143 名顾客）

	分类	购买商品名称	会员数量
1	软罐头	Green 咖喱 200g	24
2	软罐头	咖喱屋咖喱 中辣 200g	22
3	软罐头	泰国咖喱 200g	16
4	软罐头	印度咖喱 200g	14
5	软罐头	印度咖喱 辣味鸡	14
6	咖喱粉	佛蒙特咖喱 中辣 238g	14
7	软罐头	咖喱屋 HAYASHI 200g	12
8	软罐头	黄油鸡肉咖喱 200g	12
9	咖喱粉	2 分熟咖喱 中辣 160g	11
10	软罐头	炖菜奶油 210g	11
11	咖喱粉	佛蒙特咖喱 甜味 238g	11
12	软罐头	咖喱屋咖喱 辣味 200g	10
13	软罐头	印度咖喱 辣味牛排	10
14	软罐头	BON 咖喱黄金 中辣 180g	9
15	软罐头	咖喱屋鸡肉咖喱 中辣 200g	9
16	软罐头	咖喱市场 中辣 200g	9
17	咖喱粉	2 分熟咖喱 辣味 160g	9
18	软罐头	DRY 咖喱 150g	9
19	软罐头	银座 ROKU SAN 亭咖喱 220g	8
20	咖喱粉	KOMUMARO 咖喱 中辣 140g	8
21	软罐头	男人的极美味黑咖喱 200g	7
22	软罐头	银座 HAYASHI 200g	7
23	其他	咖喱伴侣 炒洋葱酱 40g	6
24	咖喱粉	THE 咖喱 中辣 140g	6
25	软罐头	咖喱屋咖喱 甜味 200g	6
26	软罐头	MATUGOTO 蔬菜 夏季蔬菜的 辣味咖喱 190g	6
27	软罐头	咖喱日 中辣 230g	5
28	软罐头	夏季咖喱 肉沫咖喱 180g	4
29	软罐头	面包超人 迷你包装 猪肉 甜味 100g	1
30	软罐头	BON 咖喱黄金 辣味 180g	1

2013 年实际销售情况

者群组中却再也没有出现其他诸如上述泰国咖喱和软罐头咖喱那样的相关性。

实际上，若将泰国咖喱罐头摆放在软罐头柜台处，销售量应该会有所提升。YAOKO 和 OGINO 的店铺所采用的正是这样的陈列方法。若同时也在罐头柜台进行双管齐下的陈列的话，效果自然会更加稳如磐石。顺便补充下，有的店铺，例如前面提到的 SUMMIT 的野泽龙云寺店也会把泰国咖喱罐头配置在民族特色柜台。

切莫成为泛滥数据的傀儡

购物篮分析的有趣之处就在于，有时候你会发现实际的结果与销售方当初的预想完全背道而驰。

夏季的数据显示，与萝卜一同被购买的商品中，关东煮的调味料占据榜首，Lift 值靠前的位置也均被各种关东煮的材料囊括。与火锅用的牛肉同时被购买的商品中，居然出现了许多寿喜锅的材料。上述这些出人意料的结果，实际上也给销售方重新审视一直以来的惯性思维以及所谓的常识提供了宝贵的数据支撑。

爱因斯坦曾说"常识就是人在 18 岁之前形成的各种偏见"。要打破零售业那些披着"常识"外衣的"偏见"，只能依靠数据挖掘出来的事实——因为只有事实才最具说服力。

很久之前，《日本经济新闻》刊载过一篇 7-ELEVEn 创始人铃木敏文的发言。其中有一句："大数据是无法应对巨大的变化的。关键在于假设和验证。"

铃木会长独具慧眼，他结合自身的经验告诫我们零售业需要假设。没有假设，投入再多的信息、再多的数据、再优秀的专家去分析也是毫无意义的。

重要的不是数据的规模，而是把数据作为假设验证的工具来看待、运用。专业的料理人擅长做减法，外行才会在加法的道路上一意孤行。这句话出自一个料理人之口，作家吉本芭娜娜曾经在自己的作品中这样介绍过。做料理的时候，总想着加点什么进去且颇以此为乐的人肯定是外行。以此类推，那些企图通过各式各样的数据、一次也没有派上用场的资料，以及从来不曾过目的账簿等大显身手，最终却招致现场一片混乱的零售业主们也应该意识到他们这样的做法并不专业。

对于果断舍去不必要东西这样的减法思维，我们还需要进一步加强学习。俗话说得好，Simple is best。

2. 同时购买率——揭开购物篮的秘密
迷你西红柿跟鱼糕是好搭档

"小可兼大"——在零售业,包括一般商品在内,备货时都应该遵守这样一个原则,即优先小规格/小容量的商品。

以纸包装的清酒为例。一般情况下卖场会陈列900mL、2000mL(或者1800mL、部分卖场也有3000mL)2种容量的商品。

对于打出"低糖"口号的清酒,几乎所有超级商场(SM)都只陈列了1种到2种,一般的SM也都无一例外地选择了900mL,而并非更大容量的2000mL。

实际上,选择了上述陈列方法的商品有一个共同点,即它们往往都是"低糖类商品"。几家不同企业的SM都不约而同地选择了同类商品进行相同陈列。

在其他商品都一律采用2种容量商品进行陈列的大潮流下,为何偏偏只有低糖类商品与众不同地选择了900mL容量的单种商品陈列方法呢?

这样的选择是否合理呢?关于这个问题,我想通过回头率验证法来寻找答案。

"回头率"的多样性

回头率当然越高越好。然而，有的商品，即使回头率很低，也必须备货。"因为优质会员会经常买"——这是 Frequent Shoppers Program（FSP）分析时的口头禅，但它并不是我们这次的重点。

回头率以人为基准，一般指多次（至少 2 次以上）购买者，即回头客的人数占所有购买者的比例。

回头率＝所有回头客人数÷所有购买者（尝试购买者+多次购买者）人数×100%

金额回头率＝所有回头客的总购买金额÷所有购买者（尝试购买者+多次购买者）的总购买金额×100%

详情请参照**第 3 章 12**。

下一页的**图表 1** 是将某零售连锁店清酒卖场的商品按照回头率由高到低依次排列的结果。这里请大家重点关注下我在前面提到的无糖清酒。

清酒中回头率超过 30% 的商品比例较高，因此 22.2%、排名 34 绝对算不上一个好成绩。

单从上面的结果来看，只陈列 900mL 容量的商品也应该无可厚非。然而，在另一个指标——金额回头率（**图表 2**）中，该商品却实现了 88.8% 之高的占比。位居第 2 位。

一般的回头率所展示的是回头客（人）占据的比例，金额回头率（**图表 3-1**）与之相对，它展示的是回头客（人）

图表 1　清酒累计回头率

1	上等土佐鹤 特辣 720mL	43.8%
2	菊正 PINPACK 微辣 180mL	41.9%
3	SAKARICUP 生储藏酒 300mL	40.9%
4	纯米的温柔体贴 180mL	39.1%
5	HUNAGUTI 菊水一番榨 甜味 200mL	38.8%
6	KAMINARI 三代 PACK 180mL	38.5%
7	上撰 金冠 ONECUP 大关 180mL	37.9%
8	黑松剑菱 900mL	37.5%
9	鲜榨原酒 720mL	36.4%
10	NOMONOMO PACK 500mL	36.1%
11	纯米酒 只有米的酒 2l	35.9%
12	MARU PACK 640mL	35.3%
13	爽口辣味 PACK 900mL	34.8%
14	上撰 菊正宗 樽酒 720mL	34.2%
15	佳撰 月桂冠 ECOCUP 210mL	33.3%
16	黄樱 金印 720mL	31.8%
17	越之寒中梅 纯米吟酿 200mL	31.3%
18	PINPACK 淡丽制造 200mL	31.1%
19	鲜榨纯米	30.8%
20	辣味 900mL	30.5%
21	松竹梅 天 ECO POUCH 900mL	30.0%
22	菊水之辣味 新潟 辣味 720mL	29.2%
23	辣味一献 2000mL	29.0%
24	松竹梅 天 2000mL	28.1%
25	樽酒 300mL	27.3%
26	只有米的酒 900mL	26.3%
27	松竹梅 天 CUP 200mL	26.1%
28	清酒 八海山 720mL	25.7%
29	清酒 八海山 300mL	25.5%
30	出羽樱 吟酿酒 辣味 180mL	25.0%
31	月 2000mL	23.7%
32	金印 300mL	23.7%
33	奥松 本酿造辣味 CUP 180mL	23.1%
34	月桂冠 无糖清酒　900mL	22.2%
35	大关 ONECUP MINI 100mL	21.6%

2013 年 3~8 月半年间的实际销售情况

图表 2　清酒的金额回头率

1	纯米的温柔体贴 180mL	90.4%
2	月桂冠 无糖清酒　900mL	88.8%
3	KAMINARI 三代 PACK 180mL	85.7%
4	SAKARICUP 生储藏酒 300mL	83.3%
5	菊正 PINPACK 微辣 180mL	82.8%
6	出羽樱 吟酿酒 辣味 180mL	82.6%
7	HUNAGUTI 菊水一番榨 甜味 200mL	81.5%
8	辣味一献 2000mL	79.1%
9	上撰 金冠 ONECUP 大关 180mL	78.0%
10	纯米酒 只有米的酒 2l	76.0%
11	上撰 菊正宗 樽酒 720mL	73.2%
12	松竹梅 天 2000mL	72.2%
13	爽口辣味 PACK 900mL	71.2%
14	清酒 八海山 720mL	70.7%
15	NOMONOMO PACK 500mL	69.5%
16	黑松剑菱 900mL	68.8%
17	佳撰 月桂冠 ECOCUP 210mL	68.5%
18	松竹梅 天 CUP 200mL	68.4%
19	菊水之辣味 新潟 辣味 720mL	68.0%
20	上等土佐鹤 特辣 720mL	67.6%
21	清酒 八海山 300mL	66.1%
22	PINPACK 淡丽制造 200mL	66.0%
23	辣味 900mL	64.4%
24	月 2000mL	64.0%
25	白鹤 大吟酿 720mL	62.7%
26	鲜榨纯米	62.5%
27	樽酒 300mL	62.0%
28	只有米的酒 900mL	61.7%
29	MARU PACK 640mL	61.2%
30	松竹梅 山田锦 特别纯米 720mL	60.9%
31	松竹梅 天 ECO POUCH 900mL	59.7%
32	鲜榨原酒 720mL	58.6%
33	金印 300mL	55.0%
34	吟酿 八海山 葫芦瓶 180mL	53.2%
35	越之寒中梅 纯米吟酿 200mL	52.2%

的购买金额所占的比例。那么，这两种回头率的差异又意味着些什么呢？

请看**图表3-2**。该矩阵图的第一象限所表示的是累计回头率、金额回头率双高的商品。位于这个区间的商品当然应该长期作为常规商品陈列。

然而一个不容忽视的事实是，一些商品（例如无糖清酒）尽管位于第2象限，却高居纵轴上方位置。这类金额回头率（纵轴）显著高的商品，也同第1象限区域内的商品一样，属于常规维持候补商品。

无糖清酒是面向特定人群销售的商品，这类顾客一般对卡路里、糖分等较敏感。因此，其他可替代商品也相对较少。可选对象有限反而促成了许多人长期使用特定品牌的商品。

金额回头率便是上述结论的有力证明。金额回头率高实际上意味着重度消费者的比例高。

单是回头率高不一定就能断定重度消费者多，反之亦然。这一点在做回头率分析时必须要注意。

反复多次购买900mL的回头客，如果发现了更大容量、看上去更实惠的同类商品，很有可能会直接将其纳入囊中。

当然，购买的容量大，其购入的频率也有可能会降低。若销售方由于顾忌这一点而武断地认为"900mL的利益空间更大，所以根本没必要再备大容量的同类商品"，那就大错特错了。

图表 3-1 不同购买频率下的人数及累计回头率、金额回头率

	购买频率	对象人数	人数占比（累计回头率）	购买金额占比（金额回头率）
尝试购买者	每 184 天一次	42 人	77.8%	11.2%
回头客	每 2 天一次	1 人	22.2%	88.8%
	每 3 天一次	1 人		
	每 4 天一次	1 人		
	每 26 天一次	1 人		
	每 37 天一次	2 人		
	每 46 天一次	1 人		
	每 61 天一次	3 人		
	每 92 天一次	2 人		

回头客　尝试购买者

购买金额占比（金额回头率）：22.2　77.8

人数占比（累计回头率）：88.8　11.2

图表 3-2 回头率矩阵图

无糖清酒 900ml

金额回头率

累计回头率

图表 4　瓶装茶的累计回头率排行榜和金额回头率排行榜

顺序	商品名称	累计回头率		顺序	商品名称	金额回头率
1	花王 清凉绿茶 1L	45.7%		1	花王 清凉绿茶 1L	87.2%
2	PB 茶 2L	42.0%		2	花王 清凉绿茶 350mL 瓶装	83.6%
3	花王 清凉绿茶 350mL 瓶装	37.6%		3	PB 茶 2L	82.7%
4	伊藤园 健康矿物麦茶 2L	35.7%		4	伊藤园 儿茶酸绿茶 350mL	80.3%
5	伊藤园 O~I 茶 500mL	35.0%		5	伊藤园 儿茶酸绿茶 1.05L	73.7%
6	绫鹰 上煎茶 500mL	34.1%		6	伊藤园 健康矿物麦茶 2L	72.1%
7	PB 茶 2L 箱	33.4%		7	PB 乌龙茶 500mL	71.3%
8	三得利 伊右卫门 500mL	33.1%		8	绫鹰 上煎茶 500mL	71.1%
9	PB 茶 500ml	32.4%		9	三得利 伊右卫门特茶 500mL	70.1%
10	三得利 伊右卫门特茶 500mL	32.3%		10	伊藤园 O~I 茶 500mL	69.7%
11	PB 乌龙茶 500mL	31.5%		11	PB 茶 2L 箱	69.6%
12	伊藤园 儿茶酸绿茶 350mL	31.4%		12	PB 茶 500mL	69.3%
13	绫鹰 上煎茶 2L	30.8%		13	三得利 伊右卫门 500mL	68.0%
14	伊藤园 儿茶酸绿茶 1.05L	30.8%		14	绫鹰 上煎茶 2L	66.8%
15	三得利 伊右卫门 2L	30.6%		15	伊藤园 O~I 茶 浓郁口味 500mL	65.8%
16	三得利 伊右卫门 冷茶 500mL	30.4%		16	麒麟 生茶 2L	65.6%
17	麒麟 生茶 2L	29.9%		17	三得利 伊右卫门 2L	65.5%
18	伊藤园 O~I 茶绿茶 2L	27.5%		18	伊藤园 O~I 茶绿茶 2L	65.5%
19	麒麟 生茶 500mL	26.1%		19	三得利伊右卫门 冷茶 500mL	63.2%
20	三得利 伊右卫门 2L 箱	25.7%		20	麒麟 生茶 500mL	61.4%

2013 年 3~8 月半年间的实际销售情况

　　因为一旦顾客在其他店铺发现了大容量的同类商品，他们很有可能会直接购买。为了避免上述这种情况导致的顾客流失，同时陈列 2000mL 的容量很有必要。所以结论不言而喻——那些没有为顾客准备大容量的同类商品的 SM，他们的选择并不妥当。

　　当下，商品功能、规格不一，顾客的嗜好多样，可替代品越少、选择幅度越小的商品，其重度消费者的数量越多。例如**图表 4**，花王的清凉绿茶（首款以脂肪关注度高人群为目标的绿茶饮料）和伊藤园的儿茶酸绿茶的累计回头率均很高，不仅如此，金额回头率的前五位，也几乎被它们两家悉数瓜分。

如何区分"料酒""料理用清酒""清酒"?

请大家看一下**图表 5** 的菜谱。如果让你按照这个菜谱来料理这道菜，你认为里面提到的"酒"该使用什么酒比较合适呢？有四个选项：1. 料酒；2. 料理用的清酒；3. 便宜的普通酒；4. 吟酿酒①。在选择之前，我们先来了解下这四种酒的差异。

料酒与料理用清酒的差别就在于是否有盐分的添加。料酒一般会添加 2%～2.4% 的盐，料理用清酒则无添加。

图表 5　酒蒸蛤蜊菜谱

蛤蜊	200g
大蒜	3 瓣
青葱	适量
口蘑	适量
酒	300cc
盐	少量
黄油	20g
酱油	1 小匙

料酒不作为"酒"，而作为"调味料"廉价售卖。因此，通过往清酒里加盐，进行不可饮用处理后，清酒的商品属性便不再是酒了（酒类商品每 1L 需缴纳 120 日元的税，料酒无须缴税）。因料酒本身就含有盐分，所以按照**图表 5** 的菜谱，在加入料酒之后再加盐的话，会过咸。

实际上，料理用的清酒还有另一个特征。由于从一开始即被限定用于料理而被生产，其精米率②几乎与做饭用的大米处于同等水平——90～92% 左右。通过有意识地控制米的研磨、抛光程度，有机酸（可有效消除异味）以及丁二酸（可

---

① 即精酿酒。

② 日语写作"精米步合"。步合是日本清酒酿造的术语，指"抛光后的白米即精米，占原本玄米（糙米）的比重"。譬如将一批糙米抛光至原米重量的六成，其精米步合即为 60%。精米率越高越适合用来制作料酒。

增加美味感）被充分保留，从而更适合用来制作料理（普通的清酒，其味道相对较复杂）。在接下来的普通清酒与料理用清酒的比较中，这种被刻意压低的精米率也会成为它们的差异之一。

清酒中，即使精米率不算高的普通酒，也达到了 73% ～ 75%的水平。有机酸以及丁二酸的效果自然也不及料理用的清酒。以此类推，精米率分别为 60% 以上、50% 以上的吟酿酒以及大吟酿酒则更加不适合用来做料酒。由此可见，我们经常听到的便宜的酒可以拿来做料酒的说法也并非无稽之谈。

尝试购买人数少的理由

图表 6 是将上述 4 种酒的不同点汇总后的结果。接下来请看**图表 7-1、7-2**。该图表展示的是某 SM 的料酒的尝试购买人数以及回头率的数据。销售数量上的差异并不极端。然而，值得关注的是，在 5 个产品中，尝试购买人数最少的料理用清酒［Private Brand（PB）］在两个回头率指标（累计回头率、金额回头率）中均占据第一位。这并非纯粹的偶然。

图表 8 所比较的是某 SM 料理用清酒的购买量前五十的顾客与料酒购买量前五十的顾客在购买健康饮品时的差异。

其中最显著的差异在于胡麻麦茶的购买情况。料酒的重度消费者中清凉绿茶位居首位（大概是因为它是这个领域最流行的商品吧）。与之相对，料理用的清酒的重度消费者中，

图表6　料酒、料理用清酒、清酒（普通酒／吟酿酒）的区别

	盐分	除去腥臭味	美味·浓郁	精米率
料酒	2%～2.4%	○	△	低
料理用清酒	无	◎	◎	极低
普通酒	无	○	○	低
吟酿酒	无	×	×	高

图表7-1　PB料理用清酒的尝试购买者排行榜

顺序	商品名称	尝试购买数（人数）
1	日出料酒醇良1L	5667
2	纯米料酒1L	4852
3	日出 纯米料酒 600mL	4135
4	料理酒 500mL	3317
5	PB料理用清酒 900mL	2023

图表7-2　PB料理用清酒的回头率、金额率排行榜

顺序	商品名称	回头率	金额率
1	PB 料理用清酒 900mL	21.0%	42.3%
2	纯米料酒1L	20.2%	39.2%
3	日出 料酒 醇良1L	17.6%	35.6%
4	料理酒 500ml	13.2%	28.0%
5	日出 纯米料酒600mL	13.0%	27.0%

2013年3~8月半年间的实际销售情况

胡麻麦茶的购买则十分突出。并且还是 1L 容量的大尺寸包装。

　　胡麻麦茶是针对高血压人群销售的一款产品。料理用的清酒与胡麻麦茶的关键共同点就在于盐分——这一点是不言而喻的。

　　料酒与料理用的清酒，二者的购买动机不同。若考虑到各自不同的诉求而将盐分为 0 的料理用清酒摆放至料酒的柜台，那么应该会获得越来越多平日虽然十分关注盐分却对料理用清酒比较陌生的顾客的关注吧。

图表 8-1　料酒购买量前 50 的顾客的健康饮品购买情况

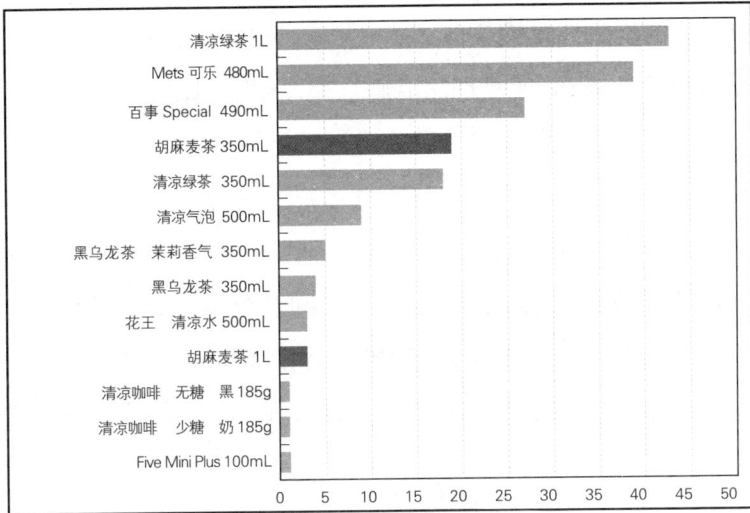

图表 8-2　料理用清酒购买量前 50 的顾客的健康饮品购买情况

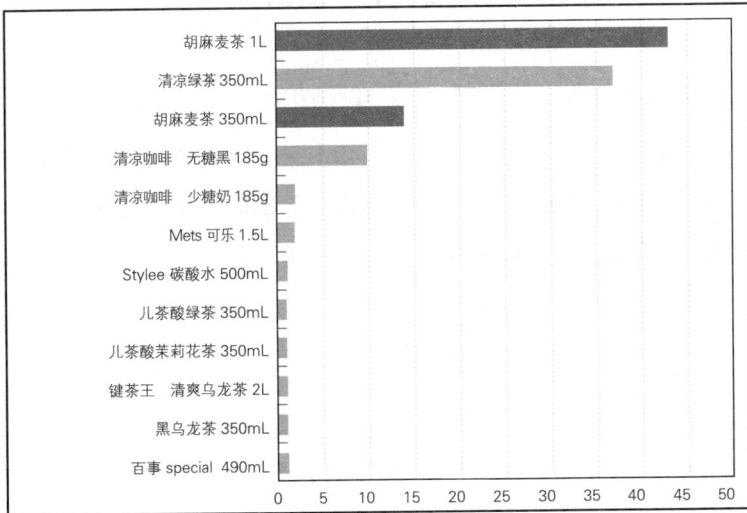

2013 年 3~8 月半年间实际销售情况

只在清酒卖场陈列，会很容易错过那些带着购买料酒动机光顾的客人。然而实际上，在我所见到的几家店铺里，之前提到过的某 PB 的料理用清酒全都只被陈列在清酒柜台。

这应该就是料理用清酒的尝试购买人数比其他料酒少的原因。我在文章前半部分提到的无糖清酒的规律在此也同样适用。即有特殊功能的商品，其替代商品较少（选择幅度小），因而顾客重复购买同款产品的可能性很高。料理用清酒正属于这类商品中的一种。数据显示，对于这类商品，一旦出现尝试购买者，其转化成回头客，即重复购买的可能性很高。

"想当然" 思维是错失良机的罪魁祸首

对于最受欢迎的宝酒造料理用清酒，许多店铺都进行了 Double 陈列，即分别在清酒卖场和料酒/甜料酒卖场陈列。而对于 PB 以及 Takala 以外的商品，不少店铺都只在清酒卖场一处进行陈列。这种做法不禁让人惋惜。

料理用清酒包含税金，因此单价相对较高。尽管如此，若知道它用于料理的效果很好，应该也能有效地促进一些顾客的购买欲。

遗憾的是，迄今为止我还未曾在任何一家 SM 的卖场看到过诸如图表 6 那样的商品说明布告。事实上，我认为越是顾客日常光顾的 SM，越应该更加严格贯彻上述诉求。

在零售界，"想当然"思维十分危险，必须彻底禁止。"顾客应该会看到我们的 POP""我们所宣传的那些内容应该传达到了""这点道理就算我们不特意说明，顾客应该也知道"等，我们应该意识到，在生意场上，这类"想当然"思维越猖獗，错失良机的概率也越高。

如果销售方"想当然"地把料酒里的盐分添加当成女性或者是做菜的人应该知道的常识，那他们肯定不会想到要具体标记盐分的有无了吧。

SM 许多良机的错失都源于顾客的不知道。不妨试着先抱怀疑的态度去重新看待身边那些"想当然"的事情，再一步一步地改变自己的"想当然"思维。

3.
显示部门支持度的 "购买率"
负向 7%—— "大灾难" 级别的特别警报

　　心理学上有个著名理论——L. 费斯廷格的 "认知不协调理论"。假设你对一个酒徒提出一个医学上的观点—— "酒是灌进身体的毒药，喝酒伤身"。此时，那些无论如何也戒不掉酒的人就会去别处寻找 "酒对身体有益" 的意见，并以此来否定或者无视那些对自己不利的事实。

　　对于某个事实，一旦出现了新的事实表明自己曾经的判断是错误的，而且还无法找到有力证据去颠覆新的事实，那么就有必要设法消除内心的矛盾。心理学上的 "隔壁家的草儿不如自己家的绿" 这种内心描述似乎更加贴切。

　　然而，许多从事零售业的人却坚定不移地信奉着 "隔壁家的草儿更绿"。我想说的是他们对于店铺商圈潜在需求的把握方式。明明手边仍有许多尚待发现的潜在顾客需求，却不深入挖掘，总是把眼光投向远方，舍近而求远。这里提到的 "手边" 指的是已经光顾过店铺的顾客。在觊觎别人家的草坪之前，先看看自家的草坪。换言之，应该把目光更多地投向那些经常光顾自家店铺的客人。不过，事实上很多店铺总是在背道而驰。

当店铺的顾客结构走向模式化……

下面我将通过一组推测的数据介绍下店铺对手边的潜在需求的忽略究竟有多严重。实际上购买率所表示的意义正在于此。对于购买率的特性以及正确的活用方法，我想通过举例来说明。

首先我们得认识到一个不争的事实——来店的客人并非在一家店铺购买他们所需要的全部商品。光顾许多家店铺的消费总额构成了个人的生活开支（这里假设每个月的食品消费金额为 7 万日元）。因此可以说，顾客在某家特定店铺的消费金额越接近 7 万日元，其光顾其他店铺的次数就越少。

图表 1 是把自家店铺与竞争店铺的顾客结构进行模式化处理之后的结果。按照每个月的消费金额将顾客分为 6 个层次。如图表 1 横轴上方位置的柱形图所示。横轴下方位置的柱形图则表示每层顾客数量的占比。每个月购买金额在 7 万日元以上属于最高层级 "S"，如图表最左边位置所示。换言之，"S" 所表示的是只在该家店铺完成所有购买的顾客。可惜的是，"S" 层的占比不过 2% 左右。可能有人会觉得这个数字未免太小了，但考虑到同一片区域内多家店铺共存、店铺营业状况的多样性、消费生活合作社以及网络购物趋势的抬头等，不难发现在购买渠道不断增加、更迭的大背景下，这个数字也算是意料之中的吧。事实上竞争店的结构与**图表 1**相同，越靠近图表两端，表示在 1 家店铺的购买金额越多。

位于两端位置的层属于各店铺的固定层，相反地，中央位置属于浮动层。

图表 1　店铺顾客结构模型

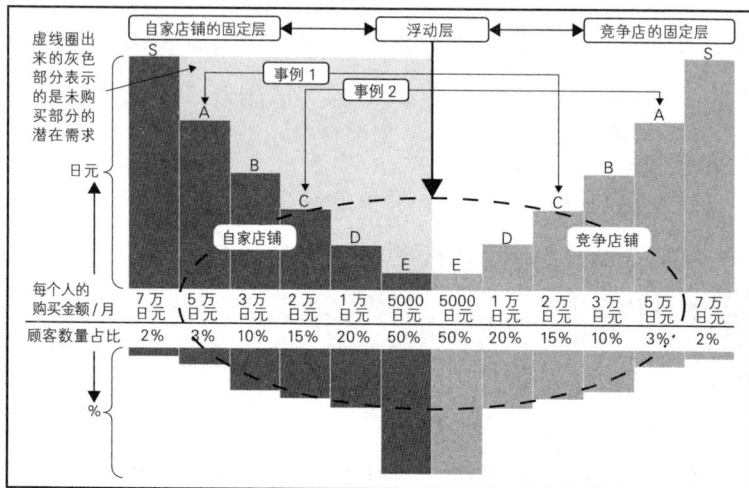

	自家店铺的固定层					浮动层					竞争店的固定层	
每个人的购买金额/月	7万日元	5万日元	3万日元	2万日元	1万日元	5000日元	5000日元	1万日元	2万日元	3万日元	5万日元	7万日元
顾客数量占比	2%	2%	10%	15%	20%	50%	50%	20%	15%	10%	3%'	2%

（图中文字：虚线圈出来的灰色部分表示的是未购买部分的潜在需求；事例1；事例2；自家店铺；竞争店铺；日元；%；S、A、B、C、D、E）

接下来我们再详细地看一下吧。假设就如**图表 1** 所示，商圈内只有两家店铺。那么可能存在这样一种情况，即自家店铺 A 层的顾客，同时也是竞争店 C 层的顾客。两部分的购买金额加起来正好是一个月的消费支出，也就是 7 万日元。此时，我们可以认为，该顾客主要的购买都在自家店铺，只有一部分商品（群）会在竞争店购买。

另一种情况则是自家店铺 C 层的顾客，同样也属于竞争店 A 层的顾客。也就是说，该顾客主要的购买行为发生在竞争店，只有一部分商品（群）是在自家店铺购买的。为了说明起来更方便，我在这里特意设定了在 2 家店铺中二者择一的场景，但现实中，顾客并行光顾的店铺应该更多，远不止2家。

如何接待常光顾的客人才是重中之重

除去S层，图表1左侧自家店铺的A层到E层中，柱形图上方用虚线圈出来的灰色部分表示的是未购买区域。所谓购买率就是减去未购买区域的比例后剩下的部分。也就是后面**图表2**中提到的将各部门（品群）的支持率数字化之后的结果。

购买率，其最大值为100。与最大值之间相差的部分即为未购买的比例。这里也可以把它理解为我前面提到过的潜在需求——事实上在考虑生活消费时这一点也常常被忽略。顾客之所以不在一家店购买所有商品（群），肯定有其相应的理由。一旦这些障碍悉数得到改善，那么未购买区域应该也会无限趋近于0。

购买率的意义与活用方法

购买率的基础，归根结底还是那些经常光顾店铺的客人。因此，集中关注这批顾客，思考如何有效促进那些未购买商品群的销售才是零售业的重中之重。

要吸引那些不曾光顾过店铺的客人，成本很高，而且多

图表 2 各部门的购买率

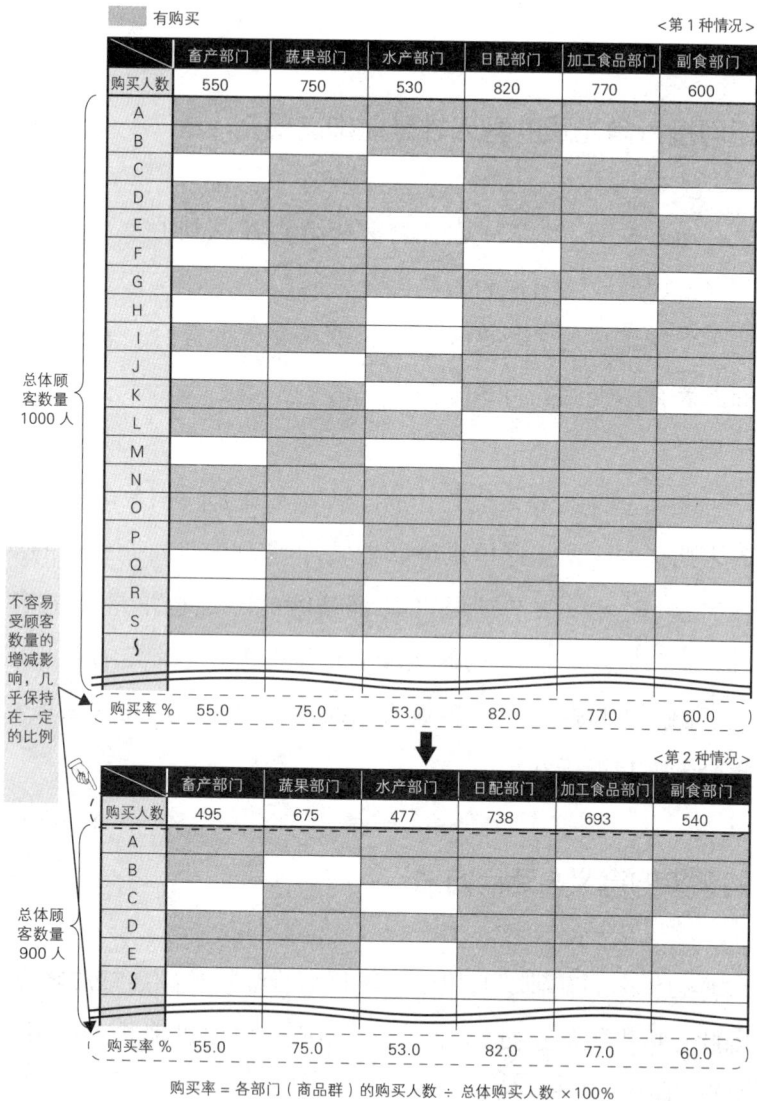

有购买

<第 1 种情况>

购买人数	畜产部门	蔬果部门	水产部门	日配部门	加工食品部门	副食部门
	550	750	530	820	770	600
A						
B						
C						
D						
E						
F						
G						
H						
I						
J						
K						
L						
M						
N						
O						
P						
Q						
R						
S						
∫						
购买率 %	55.0	75.0	53.0	82.0	77.0	60.0

总体顾客数量 1000 人

不容易受顾客数量的增减影响，几乎保持在一定的比例

<第 2 种情况>

购买人数	畜产部门	蔬果部门	水产部门	日配部门	加工食品部门	副食部门
	495	675	477	738	693	540
A						
B						
C						
D						
E						
∫						
购买率 %	55.0	75.0	53.0	82.0	77.0	60.0

总体顾客数量 900 人

购买率 = 各部门（商品群）的购买人数 ÷ 总体购买人数 ×100%

数情况下效果更是昙花一现。

通过广告单来宣传价格优势等可以姑且算作比较好的例子。把目光投向那些已经来店却未购买任何商品的顾客比较现实，促成多次消费的可能性也相对较高。 "经常光顾"——对于这个事实背后所包含的意义，我们应该更加深入地去挖掘。

S层的顾客，其购买实绩已经超过了生活消费（一个月7万日元），因此可以认为他们几乎在所有商品群中都有消费实绩。而S层以外的顾客，其在各部门（商品）群的购买实绩分布并不均匀，所占比例高低不一。

图表2所展示的应该就是购买的实际状态了。纵轴代表顾客，横轴代表部门（商品群）。如图表所示，顾客A在所有部门均有购买，顾客B则没有在蔬果及加工食品部门购买任何商品。通过该图表，每个顾客的购买行为均可以一目了然。

在这里请允许我再啰唆一句，我们根据顾客数据计算购买率时，并非以一般意义上的来店顾客为基准，正如我在前面提到的那样，这里的基数是那些已经在店铺购买过商品的顾客。因此，在计算购买率时，其分母就是所有在本店有过购买实绩的顾客总和。

我们先来看一下第1种情况。假设有过购买实绩的顾客总数为1000人（至少购买一件以上商品）。在这1000名购买人中，畜产部门的购买人数有550名。这也就意味着剩下的450名顾客没有在畜产部门购买任何商品。此时，购买率即为 550 人÷1000 人×100%，也就是 55%。图表 2 所展示的各部门的购买率就是按照上述方法计算而来的。这种方法计算出来的购买率不容易受顾客数量增减的影响，几乎保持不变。因此，当第 1 种情况的顾客总数从 1000 人减少到 900 人时（第 2 种情况），只要没有特殊因素的变化，购买率均保持跟第 1 种情况几乎同等水平。各部门的顾客数如图表 2 下方拇指指示位置所示。

不过，图表 2 说到底是为了方便读者理解计算方法、思路而大致勾勒出的一个示意图而已。下一页中的**图表 3** 所展示的才是实际店铺的购买率实绩。图表 3 按照时间轴，将 3 家店铺半年内每个月的购买率与前一年同期购买率进行了对比。数据显示，各部门每月的购买率与前一年相比，差异均不超过 3%。事实上，这家店的情况并非特例。同时调查的其他几家无特殊变化因素的店铺中也出现了同样的结论。

商圈内新店开张，购买率如何变化？

另外，也会出现这样的情况——差异虽然在 3% 以内，但负性倾向明显。商圈内竞争方新店开张便是这样的例子。**图表 4** 所展示的是新店开张前后月份的购买率比较。变化虽说不上显著，其影响也算不上大，但通过对开店前三个月的推移情况进行比较不难发现，新店开张还是造成了与前一年相比的负性倾向。

图表 3 购买率 各部门／各月的实际推移

单位（％）

A 店

	2014年3月 今年	前一年	差异	2014年4月 今年	前一年	差异	2014年5月 今年	前一年	差异	2014年6月 今年	前一年	差异	2014年7月 今年	前一年	差异	2014年8月 今年	前一年	差异
蔬果	84.2	81.9	2.3	82.9	83.8	-0.8	82.0	83.4	-1.4	81.9	83.0	-1.1	79.0	80.8	-1.8	79.8	81.0	-1.2
精肉	54.1	54.5	-0.3	54.3	55.9	-1.6	54.3	55.5	-1.3	53.6	55.9	-2.3	53.3	55.5	-2.1	54.0	55.0	-1.0
日常	87.3	86.8	0.4	87.7	87.7	0.1	88.3	87.9	0.3	89.3	88.7	0.5	88.8	88.1	0.7	88.5	87.6	0.9
杂货	78.8	76.3	2.5	77.5	79.1	-1.6	78.4	79.4	-1.0	79.1	80.1	-1.0	81.0	79.7	1.3	79.3	79.7	-0.4
水产	57.6	54.9	2.6	58.4	56.1	2.4	59.4	56.1	3.4	58.5	55.2	3.3	56.6	54.5	2.1	56.3	53.4	2.8
副食	58.0	57.1	0.9	60.5	59.6	0.9	60.2	59.3	0.9	60.4	59.4	1.0	59.5	59.6	-0.1	59.2	58.3	0.9

B 店

	2014年3月 今年	前一年	差异	2014年4月 今年	前一年	差异	2014年5月 今年	前一年	差异	2014年6月 今年	前一年	差异	2014年7月 今年	前一年	差异	2014年8月 今年	前一年	差异
蔬果	73.3	74.3	-1.0	75.7	76.7	-1.0	75.7	76.6	-0.8	75.4	76.7	-1.3	73.1	74.8	-1.7	74.4	74.6	-0.2
精肉	55.9	56.0	-0.1	56.7	56.8	-0.1	56.5	57.0	-0.5	55.8	57.1	-1.3	55.4	56.8	-1.4	55.2	57.1	-1.9
日常	84.9	85.1	-0.3	85.8	86.5	-0.6	86.7	87.0	-0.4	86.7	87.3	-0.6	86.7	87.1	-0.4	86.6	86.4	0.2
杂货	71.6	71.7	-0.1	70.7	72.5	-1.9	73.2	72.7	0.5	72.4	74.1	-1.7	73.1	73.8	-0.7	73.8	74.9	-1.1
水产	52.4	53.4	-1.0	53.1	53.6	-0.5	53.3	53.7	-0.4	53.7	52.7	1.0	52.5	53.1	-0.6	52.4	51.4	1.0
副食	59.1	59.2	-0.1	61.0	59.7	1.2	60.9	59.0	1.9	61.0	59.7	1.3	60.7	60.7	0.0	60.4	60.8	-0.4

C 店

	2014年3月 今年	前一年	差异	2014年4月 今年	前一年	差异	2014年5月 今年	前一年	差异	2014年6月 今年	前一年	差异	2014年7月 今年	前一年	差异	2014年8月 今年	前一年	差异
蔬果	76.2	75.6	0.6	76.0	76.5	-0.6	75.5	76.1	-0.6	74.8	76.4	-1.6	71.7	73.2	-1.4	73.6	72.9	0.7
精肉	50.2	49.9	0.6	51.8	51.9	-0.1	50.9	51.1	-0.1	51.9	51.6	0.3	52.2	50.6	1.6	52.2	50.3	1.9
日常	84.4	84.7	-0.3	85.9	85.4	0.5	85.7	86.0	-0.3	86.5	86.8	-0.3	87.2	86.6	0.6	85.7	85.1	0.5
杂货	71.6	71.1	0.5	69.8	72.6	-2.8	73.9	73.5	0.4	72.9	74.5	-1.6	74.0	72.7	1.3	74.4	75.0	-0.6
水产	51.5	50.8	0.7	52.4	52.0	0.4	49.4	51.8	-2.5	51.6	51.2	0.4	51.5	50.6	1.0	50.1	49.4	0.8
副食	53.9	53.9	0.0	55.9	53.7	2.2	56.2	53.3	2.9	56.2	55.6	0.6	56.0	56.3	-0.3	55.7	56.0	-0.2

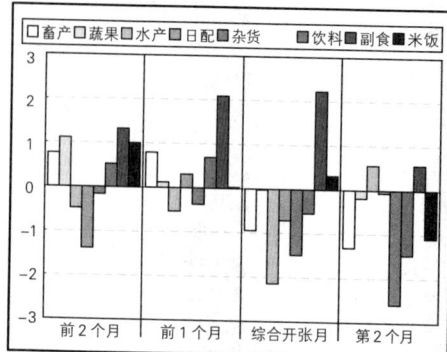

图表 4　购买率各部门／各月的差异图　　　图表 5　购买率各部门的差异图

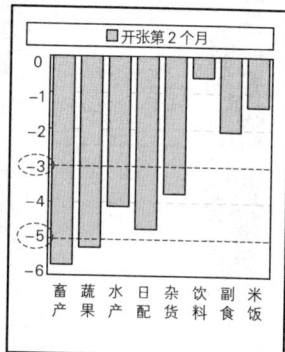

上述事例相对来说变化较小。实际上也存在诸如**图表 5**那样购买率变化较异常的例子。从数据上可以清楚地看到该店铺受到了新店开张（商圈内新开了生鲜食品的折扣店）的强烈冲击。

重要影响因素发生了变化，导致平常变化极小的购买率也发生了十分明显的变化。这种变化是最好的警钟，同时也是一个重要的指标——简单明了地向我们展示着商圈内的新动向。

图表 6 是根据上述购买率变化的幅度并结合多个事例汇总而成的警报水平表。我仿照气象厅的用语将其分为了 3 个阶段——负向 3%～5%（不包括 5%）为"警戒警报"，负向 5%～7%（不包括 7%）为"警报"，负向 7% 以上为"特别警报"。

假设商圈内并无任何显著变化，购买率的变化幅度却达到了负向 5% 以下，尤其是当这种情况出现在生鲜、副食部门时，我们有必要怀疑是否出现了大量的机会损失。这种损失的起因可能是经验丰富的小时工的离职、作业人员工时不足等。因为商品短缺、不同时间段的偏差等课题在每个店铺都有可能恒常存在。而此时，购买率便可以发挥重要的警示作用——它可以有效促进上述原因的清查以及相关的对策检讨等。

图表 6　购买率变化对应的警报水平

警戒 level 1	购买率的变化 ▲3% 以上 ~▲5%（不包括 5%）	警戒警报
警戒 level 2	〃 ▲5% 以上 ~▲7%（不包括 7%）	警报
警戒 level 3	〃 ▲7% 以上	特别警报

顺便说一下，若上述情况出现在蔬果部门，那么行情的变化也可能是影响因素之一。

店铺改造——购买率活用的另一个实例

对于显示顾客支持率的购买率，还有另一种活用方法。那就是店铺改造的评价测定。此前，我们一直把目光锁定在负性倾向的差异上，但实际上有时候也会出现正向差异十分显著的情况。由于竞争店铺的倒闭等影响因素的变化或者店铺改造带来的商品种类变更等，导致自家店铺购买率出现显著变化便是这样的例子。

请看**图表 7**。该表展示的是某连锁店改造后各部门的购买率与前一年相比的一览图。所选取的 4 家店铺以生鲜商品为中心进行了局部而非全店铺范围的改造。黑底白字标记的部门为进行过改造的部门。

由于改造开业期间的促销活动等效果较好，各部门的购买率相比前一年均有提升，其中也包括未进行改造的部门。因此，单从这个角度来说，购买率似乎不太适合用于改造部门的效果评价。但实际上，只要比较下购买率我们就会发现，很明显，改造后的部门，其购买率与前一年的差异更加显著。

购买率的显著提升意味着与改造前比，增加了

图表 7　各店 / 各部门购买率差异 / 前年比

A店		差异	前年比
	畜产	3.7	122.6
	蔬果	6.9	123.5
	水产	8.8	135.5
	日配	1.6	125.6
	杂货	2.4	113.9
	副食	3.7	109.3

B店		差异	前年比
	畜产	0.0	102.1
	蔬果	1.1	103.2
	水产	0.4	105.1
	日配	3.4	113.7
	杂货	1.9	107.2
	副食	6.3	116.7

C店		差异	前年比
	畜产	1.2	105.2
	蔬果	1.0	119.0
	水产	3.6	119.6
	日配	1.8	109.2
	杂货	−1.0	99.8
	副食	9.4	124.5

D店		差异	前年比
	畜产	2.4	113.8
	蔬果	0.5	111.6
	水产	11.1	137.8
	日配	0.5	108.6
	杂货	1.6	102.5
	副食	6.7	114.6

许多新的购买顾客。若这种增加得以长期持续，那么前面图表2中所显示的未购买部分会不断减少。换言之，顾客支持率的上升也可以看作改造后的商品布局得到顾客认可的体现。

可以说，购买率其实就是展示各部门（商品群）究竟将店铺的潜在需求挖掘到何种程度的一个指标。当然，这种指标是建立在顾客数据的基础之上的。也就是说，手头掌握着许多数据的零售业，可以说是"近水楼台先得月"，没有理由不对这些顾客数据好好加以利用。

通过横向比较各个店铺的购买率，进而把握实际动态确实很必要。因为这样一来，你应该会意识到，大量的潜在需求其实就隐藏在你的周围，等待你的发掘。

带 ID 的 POS 数据与增长率有很大的不同。增长率一般基于与前一年的比较以及平均的移动量，带 ID 的 POS 数据所反映的则是每一位顾客——包括那些在本店的购买量较少或者只在某个部门进行购买的顾客的实际状态，因此其价值是不可估量的，是不容忽视的。

一旦明白这个道理，我相信大家就不会舍近求远地总把目光投向那些未进店的顾客，而打着"未打狐狸先谋皮"那样的算盘了吧。届时应该会意识到其实自己家的草坪也跟隔壁家的一样翠绿。

4.

从 5 大分类来看不同年龄层的支持率
咖喱粉所有年龄层通吃，咖喱汁却是家庭型？

电影院里的声音大家应该都有过体验吧？由四面八方席卷而来，混杂着各种效果音，气势磅礴。如今即使在一般家庭，只要使用专门的扩音器也能享受近乎电影院的听觉盛宴。支撑它的基础就是被称作 5.1 声道①的环绕音响。最近甚至出现了用多个扬声器集体打造 9.1 声道的音响，但事实表明，只是单纯地增加扬声器的数量似乎并不奏效。实际上，扬声器数量的增加反而会导致音质的恶化。因为数量越多，其中的平衡也就越难。

数据分析中的模式化也是同样道理。人为地做出各种模式，企图通过它们尽可能地防止纰漏的想法可以理解，但模式越复杂，分析时需要花费的精力也越多，同时还需准备同等数量的对策以防万一。出于上述原因，复杂的解析在零售业中似乎不太受欢迎。以年代为线索的分析手法则成功地规

---

① 5.1 声道音响是一种配置了 6 个扬声器、环绕音效绝佳的音频系统。在 5 个声道的基础上另外配置一个专门设计的超低音声道（该声道算作 0.1），由此被称作 5.1 声道。

避了上述的复杂化，简单又直接。

之所以说它简单直接，是因为它把不同年龄层的顾客仅归纳成了5个模式。然而，其中获得的信息量却大为可观。接下来，我们一起看下具体的手法以及从中获取的一部分信息。

年龄是分析时最重要的因素

一般情况下，SM 的积分卡只会绑定顾客的部分属性，诸如住所、性别、年龄等。具体的住宅信息、年收入等自不必说，家庭构成等情况均无从知晓。

入会时的门槛之所以设置得很低，主要是为了方便顾客在加入会员时尽可能少地登记信息。

尽管如此，其活用价值却不容小觑。通过对每个消费者的实际状态进行详细把握，我们能够发掘出各种各样的购买倾向。购买倾向的明确有助于机会损失的削减、一直以来未被注意到的潜在需求的发掘，甚至还能促使我们去发现更多意想不到的新需求。而这一切的关键属性就是上面提到的年龄层。以年龄层为线索，在5个模式之外再加入0.1（关于0.1，我会在后面详细叙述），于是一种被称作"5.1分类"的分析手法诞生了。在对其基础的5个模式进行说明前，我想先解释下该分析手法的计算逻辑。

分析不同年龄层的支持率时，若只是单纯比较各年龄层的购买人数，所得的结果不免有失偏颇。因为每个店铺各年龄层的顾客比例原本不同，支持率必然会受其左右。

因此，我们可以首先算出所调查店铺整体的流动顾客（调查期间在该店有任何购买行为的顾客）中各年龄层所占的比例。再算出所调查商品的购买者中各年龄层所占的比例。然后将二者相除得出一个占比。这样的结果不受店铺流动顾客的各年龄层的比例左右，因而可以用来判断各年龄层的支持率高低。**图表 1** 所展示的是啤酒类商品的实例，我们不妨一起来看看其中的差异。

图表 1　各年龄层流动顾客比例与购买顾客比例的比较（%）

商品（麒麟 green label 350mL 罐装）	①流动顾客占比	②商品购买人数占比	③比率（②÷①*100%）
20 岁 ~	1.8	1.3	69.8
25 岁 ~	3.6	6.2	171.2
30 岁 ~	6.1	11.3	187.3
35 岁 ~	8.3	13.6	164.1
40 岁 ~	10.8	14.1	131.1
45 岁 ~	11.7	13.0	111.1
50 岁 ~	11.5	10.8	93.7
55 岁 ~	9.9	8.9	90.6
60 岁 ~	9.8	7.5	76.7
65 岁 ~	11.1	6.4	57.4
70 岁 ~	8.7	4.2	48.2
75 岁 ~	6.7	2.6	39.3

将图表 1 的数字转化成图形之后（**图表 2**），其对比更鲜明。图表 2 中的 A 是将麒麟啤酒中的发泡性酒"淡丽 green label"（350mL、500mL 罐装）各年龄层顾客的比例单纯展示出来的曲线。通过该曲线我们可以看到，占比最高的是 35 ~

50 岁（不包含 50 岁）的年龄层。图表 2 中的 B（5.1 分类）则是将购买商品的顾客的比例除以流动顾客（假设为 100）中各年龄层顾客的比例得出的曲线。该曲线显示 25～35 岁（不包含 35 岁）的年龄层占比最高，该商品在年轻人群体中支持率极高。这个结果有悖于最近流行的年轻人不爱喝啤酒的舆论，似乎显得有些不合时宜。

图表 2　淡丽 green label 350ml、500ml 罐装的比例比较（%）

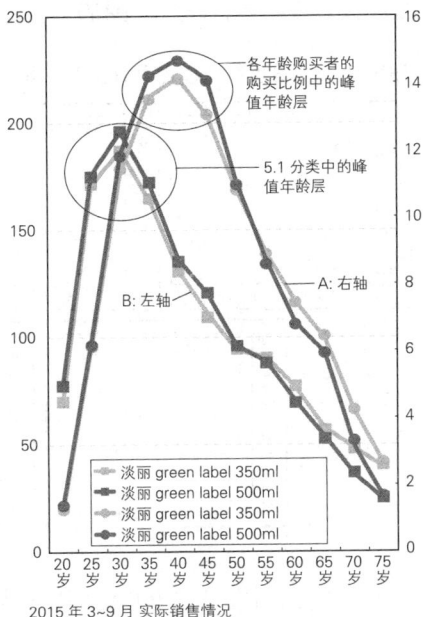

各年龄购买者的购买比例中的峰值年龄层

5.1 分类中的峰值年龄层

A：右轴

B：左轴

淡丽 green label 350ml
淡丽 green label 500ml
淡丽 green label 350ml
淡丽 green label 500ml

2015 年 3～9 月 实际销售情况

与部门倾向背道而驰的理由

使用上述手法得出的曲线形状大致可分为 5 类。每件商品均可在这 5 类中找到各自的归属。那么，为什么是 5 个分类呢？据调查结果显示，支持率的曲线模式首先可被归纳为 2 大类——直线型和放射线型。其中直线型包括直线上升、直线下降两种情况，而放射线型又可分为 U 字型、倒 U 字型。此外，还存在一种不属于以上任何一种的模式，那就是与横轴平行的平行线型。直线型 2 类、放射线型 2 类、平行线型 1 类，共计 5 类（**图表3**）。

图表3　5.1 分类基本模式中的 5 个分类

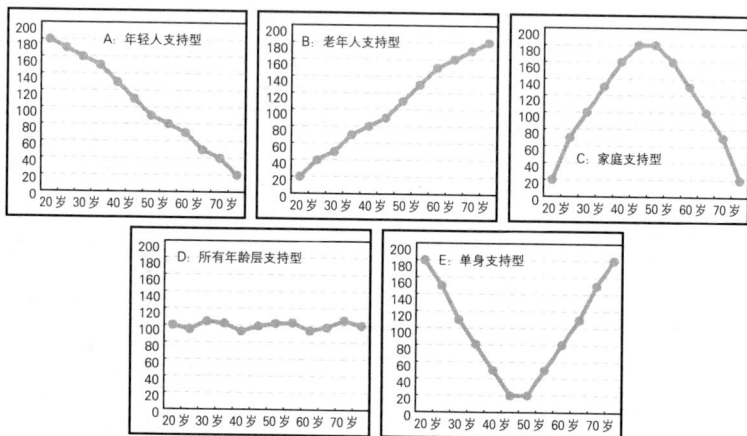

首先请看图表 3 的 A。该表所展示的是年龄层越低支持率越高的直线下降型事例，即所谓的年轻人支持型。也有并非完全呈直线下降的情况。此时，只要满足 20~29 岁、30~39 岁的支持率高于其他年龄层这个条件，便可同样将其归于年轻人支持型。

图表 3 的 B 所展示的则是跟 A 完全相反的倾向，即直线上升型，也就是所谓的老年人支持型。在 SM 销售的众多商品中该类型所占比例最高。通过与前面的年轻人支持型进行比较可以发现，直线型的 2 种分类最能明确地体现商品的特性。

图表4（上图）所展示的是年轻人支持型的代表事例之

——饮料。图表 4（下图）则是老年人支持型的代表事例之一——季节性水果。大多数的倾向都是意料之中的，也不难理解，但从单品的角度去审视的话，你会发现一些商品竟然呈现出与部门特性相反的倾向。这一点值得关注。

请看**图表** 5。清酒部门整体呈现出来的倾向是十分典型的直线上升型。然而，其中 3 个单品（均为气泡式清酒）却显示出完全相反方向的倾向——极端的直线下降型。据推测，气泡式清酒之所以受年轻人青睐，正是因为其碳酸类商品的特性——这种特性既让它们有别于清酒，也容易使人联想起 Highball 的感觉。300mL 以下容量的也是同样道理。在清酒业界整体销售萎靡的现状下，该如何刺激年轻人对清酒的需求呢？我们应该能

图表 4　年轻人支持型（上图）和老年人支持型（下图）的代表事例 (%)

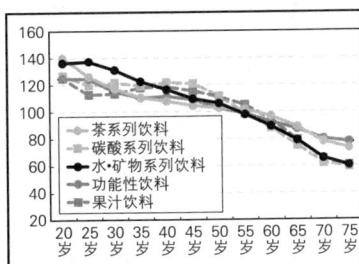

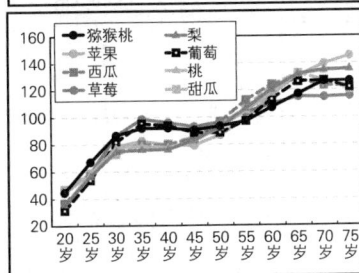

图表 5　清酒部门和其中 3 个单品的事例（%）

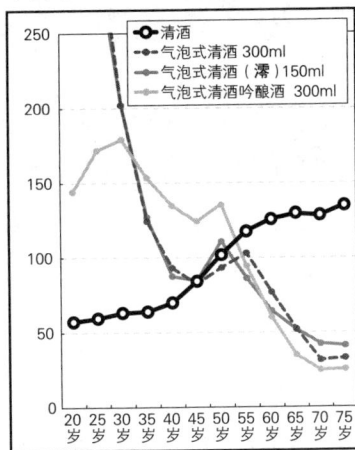

从上面的事例中得到一些启发吧。

顺便补充下，我将图表 5 出现的极端倾向的模式看作突出型事例，刻意与前面提到的 5 种模式区分对待。仿照本章开头部分环绕音响的例子，我把这一部分也称为 0.1，故而整体得名为"各年龄层购买特性 5.1 分类①"。

家庭支持型与不容忽视的代理购买

图表 3 的 C 中出现的放射线模式主要描述的是 40～49 岁、50～59 岁两个年龄层的支持率。由于该年龄层的人一般家里都有在上学的孩子，故将其称为家庭支持型。**图表 6** 所展示的是家庭支持型在各部门（商品群）的支持率。对于该种分类方式，有一点我们必须注意，那就是代理购买现象。尽管它在数据上并没有得到体现，但我们有必要将其考虑在内。

因为如果是家庭主妇出来购物，那么她很有可能会将孩子的份儿，或者是她的父母，也就是孩子的爷爷奶奶的份儿一起购买。然而，这类代理购买行为在数据上很难体现。图表 6 中，稍见端倪的也只有饼干类的点心商品，其他商品均很难判断。

---

① 5.1 分类包括：①年轻人支持型＝越是低年龄层支持率越高；②老年人支持型＝年龄越大，支持率越高；③家庭型＝40～50 岁、50～60 岁的两个年龄层支持率颇高；④所有年龄层共通支持＝所有年龄层的支持率未见明显差异；⑤单身支持型＝在年轻人、老年人中的支持率很高；⑥突出型＝上述 5 类中极端的情况。

因此，对于家庭支持型中比例较高的商品，我们有必要考虑到代理购买的可能性，并对购买场景进行详细分析。

图表 6　家庭支持型事例（％）

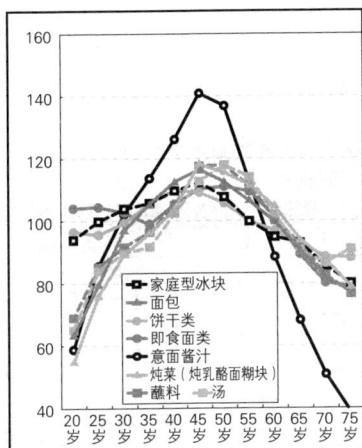

图表 7　软罐头咖喱的 2 个商品事例（％）

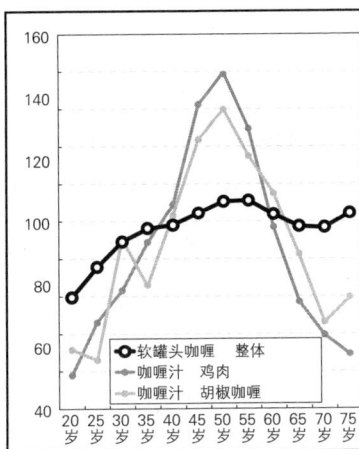

从商品的特性描绘出购买场景的行为是数据分析时十分重要的手法。例如在**图表 7** 中，与软罐头咖喱整体相比，咖喱汁的 2 个品种反而呈现出了明显的家庭支持型倾向。由于咖喱汁与软罐头咖喱雷同，同属于包装类商品，在许多顾客眼中二者无甚区别。但从 5.1 分类的结果来看，二者的食用场景却是大相径庭。

与 1 人份容量的软罐头相比，咖喱汁大约是 3 人份的容量。也就是说后者是以多人食用为前提的商品。有了咖喱汁，既可以免去自己动手做黄油面酱的麻烦，又可以在另外准备材料的过程中体验亲自动手的参与感——这一点是快餐食品所没有的。原本应该仅次于黄油面酱、软罐头咖喱，位居第3类（子）商品群的咖喱汁，却至今难逃在 SM 中无固定货架、与其他商品混杂陈列的下场。究其原因，大概也是因为这些 SM 尚未意识到上述咖喱汁的价值吧。将每件商品的特征准确地传达给顾客，这是零售业的职责之一。通过这些数据，我们不难发现，这一点仍有待改善。

　　图表 8、图表 9 中，便当食材（以冷冻副食为例）中几乎所有商品都呈现出了家庭支持型中的突出型倾向。考虑到对便当需求较大的群体主要集中在家里有上幼儿园的孩子的母亲、携带便当去公司的职员、一些钟点工等，有如此极端的结果也在情理之中。

　　冷冻食品作为广告单中的重点对象，几乎长期盘桓传单不下。这也说明其以正常价格销售时的购买比例极低。尽管如此，从上述数据我们依然可以推断，在其促销期间，一定有家里有孩子的家庭主妇光顾。基于这个推论，事前应该也有可能制订相关对策。

图表 8　冷冻副食中销量前 20 的家庭支持型商品

顺序	商品名称	5.1 分类型
1	虾仁烧麦	突出家庭支持型
2	炸鸡肉串	突出家庭支持型
3	干炸小鸡腿肉	家庭支持型
4	烧卖	家庭支持型
5	春卷	突出家庭支持型
6	迷你汉堡	突出家庭支持型
7	酱汁猪排	突出家庭支持型
8	肉烧麦	突出家庭支持型
9	炸白身鱼	突出家庭支持型
10	炸牛肉薯饼	突出家庭支持型
11	小笼包	家庭支持型
12	奶汁干酪虾	突出家庭支持型
13	日式副食	家庭支持型
14	油炸夹钳	突出家庭支持型
15	油炸虾	突出家庭支持型
16	炸奶油玉米饼	家庭支持型
17	干炸鸡肉	家庭支持型
18	墨鱼 天妇罗	突出家庭支持型
19	和式副菜	家庭支持型
20	油炸蟹肉饼	家庭支持型

图表9 冷冻副食中家庭支持型商品各年龄层的支持倾向（%）

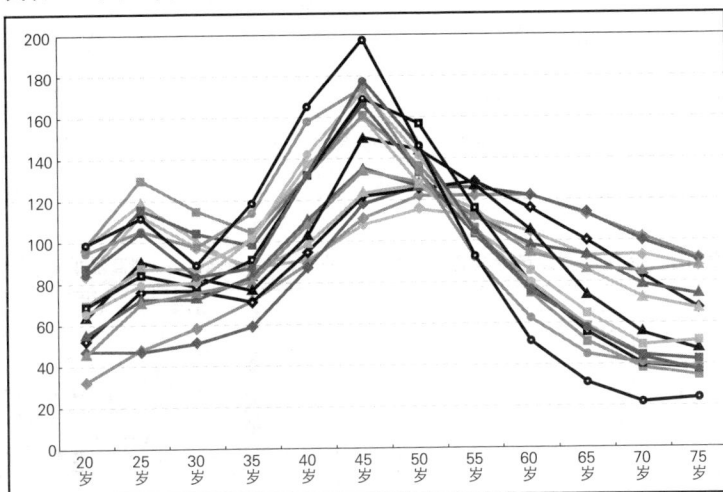

实际上，通过对多家 SM 数万个 SKU① 的所有商品进行调查，我们得出结论——大部分的商品都可以归为家庭支持型、前面提到的年轻人支持型、老年人支持型三个分类中的某一类。只是，剩下的 2 种类型尽管属于少数，但各自的特征却十分明确，因此有必要将其单独区分出来。一种是几乎与横轴平行的 100% 线，即所有年龄层支持型（图表 3 中的D）。属于该类的商品都有一个很大的共同点。

图表 10 所展示的商品群是纳豆、豆腐、牛奶、鸡蛋等，主要以所谓的日配商品中的"白色物什"为中心。这

① SKU＝Stock Keeping Unit（库存量单位）。即库存进出计量的基本单元，可以是以件、盒、托盘等为单位。SKU 是对于大型连锁超市 DC（配送中心）物流管理的一个必要的方法。

类食品频繁地登上餐桌，其消费频率也极高，对于日本人而言，它们是可以不分年龄、不分人群、谁都可以享用的商品。一些采用 EDLP 价格战略的 SM 会将这类支持率不偏向于特定年龄层的商品视为珍宝，绝不会允许它们从对象清单里遗漏。

图表 10　所有年龄层支持型的事例 (%)

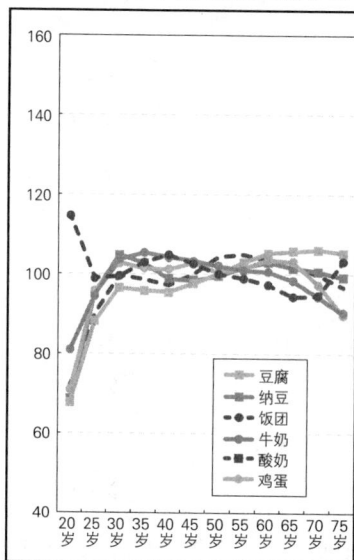

图例：
- 豆腐
- 纳豆
- 饭团
- 牛奶
- 酸奶
- 鸡蛋

图表 11　单身支持型商品的事例 (%)

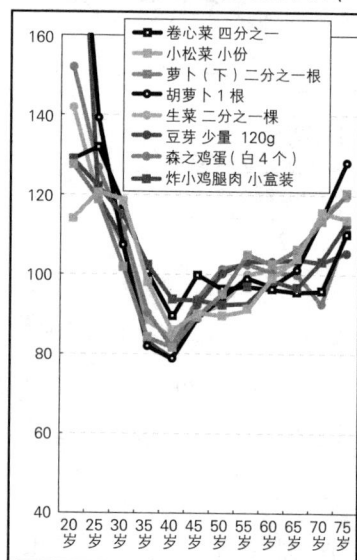

图例：
- 卷心菜 四分之一
- 小松菜 小份
- 萝卜（下）二分之一根
- 胡萝卜 1 根
- 生菜 二分之一棵
- 豆芽 少量 120g
- 森之鸡蛋（白 4 个）
- 炸小鸡腿肉 小盒装

对于该类商品总是被当作广告传单的重点对象、频繁登场的现象，我们应该也能理解其中的缘由了吧。

最后我们一起来看一下单身支持型的商品（图表 3 中的 E）。它的曲线与家庭支持型的完全相反，呈 U 字型展开。**图表 11** 所展示的就是几个单品的事例。其中明确的共同点在于该曲线的背景——年轻层和老龄层中"一个人吃饭"的现象。这应该也是造成曲线两端向上延伸的主要原因。

　　实际上，该种分类出现的频率极低。主要在蔬果类中的二分之一、四分之一切块售、散售、小份售的商品中偶见几次。或许并无必要特意将其视作一个单独的分类。但考虑到其在证明小容量、小分量销售重要性方面的作用，不得不这么做。顺便补充下，图表 11 中还包括小包装的腿肉、4 只装的鸡蛋等蔬果以外的小容量商品。

　　将本节提到的分属于 5 种模式的商品按照销售数量由高到低的顺序排列后（**图表 12**），集中于特定类别的商品共同性便一目了然。基于上述共同性，我们也可从中得到店铺备货改善、商品开发等方面的启示（顺便补充下，所选的事例虽为无酒精饮料，但年轻人支持型中主要集中于 Highball 系列，老年人支持型则主要倾向于 250mL 灌装以及 6 罐小包装类。由此我们也可以读取出老年人的几个购买倾向——小容量购买、选定品牌后统一采购等）。尤其是在老年人的应对方式被频繁诟病的当下，正确解读他们的潜在需求至关重要。带 ID 的数据正是这样一把锋利的武器。也有部分企业采用了高度且复杂的分析手法，但它们往往只是靠推测做生意，很多时候它们甚至不能正确把握那些在自家店铺购买过商品的人群的年龄分布。对这样的企业而言，他们首先应该把目光投向何处，这一点应该不用我再赘述了吧。

图表 12 各分类下销量前 10 位的商品清单（无酒精类饮料）
※单身型、所有年龄层支持型此处忽略不计。

	年轻人支持型	分类	家庭支持型	分类	老年人支持型	分类			
	合计	10	合计	24	合计	6			
1	Zero High 冰零葡萄果汁 350mL	突出年轻人	三得利 All-Free 350mL	家庭	三得利 All-Free 迷你罐 250mL	老年人			
2	无酒精心情地中海柠檬 350mL	年轻人	三得利 All-Free 500mL	家庭	朝日 Dry Zero 6 罐装 350mL	老年人			
3	无酒精心情地中海葡萄果汁 350mL	年轻人	朝日 Dry Zero 500mL	家庭	麒麟 Free 250mL	老年人			
4	不会醉的梅酒 350ml	年轻人	Premium 无酒精 350ml	家庭	三得利 All-Free 6 罐装 500ml	老年人			
5	ZeroKaku Chardonay 气泡 350mL	突出年轻人	朝日 Dry Zero Free 350mL	家庭	朝日 Dry Zero 6 罐装 500mL	老年人			
6	简直就是梅酒嘛 无酒精 280ml	年轻人	麒麟 Perfect Free 350ml	突出家庭	朝日 Dry Zero Free 6 罐装 350ml	老年人			
7	无酒精心情 Sorutydog 风味 350mL	年轻人	麒麟 休息日的 Alc.0.00% 350mL	家庭	Sapporo+ 6 罐装 350mL	老年人			
8	无酒精心情青苹果酒风味	年轻人	无的人某一个心情黑加仑橘子汁风味 350mL	家庭	Premium 无酒精 6 罐装 350mL	老年人			
9	无酒精心情白 Sanguria 风味 350mL	突出年轻人	All-Free 胶原蛋白 350mL	突出家庭	麒麟 Free 6 罐装 350mL	老年人			
10	无酒精心情杏酒 Sawa 口味 350mL	年轻人	Sapporo+ 350mL	突出家庭	Dry Zero Black 6 罐装 350mL	突出老年人			

5.

家庭型与个人型——不同家庭的支持率

火锅底料全新登场，却分离成家庭型与个人型？

坂本九的"昂首向前走"作为一首"寿喜锅"歌曲在欧美也大放异彩。该歌曲由中村八大作曲。这样一首堪称日本人心灵之歌的歌曲竟然在欧美获得了如此高的人气，这让不少人为之感到骄傲，越是高年龄层的人自豪之情越盛。

歌曲开头部分的旋律十分出彩，让人印象深刻。以至于大街小巷的人皆能哼唱，几乎到了无人不知、无人不晓的地步。然而事实上，这个曲子并非完全出自中村八大之手。它攫取了外国作曲家创造的某首曲子的一部分为主题，经中村八大之手被重新创作出来。现在或许有人会认为那是在侵权。那位外国作曲家就是贝多芬，只要听一下他的钢琴协奏曲第5篇"皇帝"的开头部分，谁都能注意到两处的旋律相同。这样看来，这首歌曲即使红遍全球也不足为奇了。

我这番话或许会颠覆粉丝们长期以来对"寿喜锅"之歌的印象。但实际上你会发现老年人群在"寿喜锅"中注入的情感是那么强烈。这种炙热不仅体现在对"寿喜锅"歌曲的追捧上，还蔓延到了所吃的"寿喜锅"上。在这里我沿用上一节的 5.1 分类分析手法（用于评价各年龄层的支持度），以火锅（其中包括老年人群中支持率很高的"寿喜锅"）底料为例来展开说明。

清一色家庭型商品中，火锅底料的关联销售引人注目

这是火锅底料销售额不断增长的部门之一。信步走在 SM 的卖场，你会发现各式各样的火锅底料陈列在卖场的各个角落。"日经 MJ"（日本经济新闻社）上介绍的 Mizkan 调查结果显示，与蘸料等火锅类关联调味料相比，火锅底料的市场正在扩大。各大 SM 企业竞相铺设火锅底料的多面销售网的举措大大推进了上述趋势。

然而，纵观整个卖场你会发现一个有意思的现象。那就是生鲜卖场中进行关联销售的所有火锅底料，千篇一律全是多人食用类，即面向家庭消费的商品。事实上几年前就已经有小分量类型的商品发售了，其种类也在逐渐增加，可如今除了常规货架、两端货架外却见不到它的身影。

那么，这种销售方式是否合理呢？首先，我们可以尝试着运用各年龄层的 5.1 分类来进行检证。

图表 1 所展示的是 5.1 分类中 5 个类型所对应的火锅底料商品的比例。

所调查的 SM 共计有 131 种火锅底料，其中家庭支持型的商品比例达到将近一半的水平。

图表 1　5.1 分类（火锅底料 汤料 整体）占比（%）

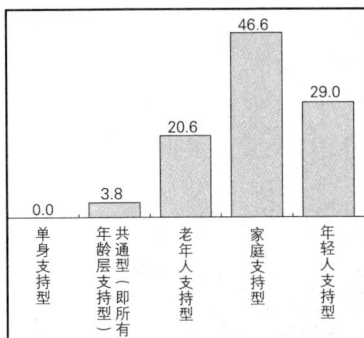

图表 2　5.1 分类（火锅底料 汤料 突出型）占比（%）

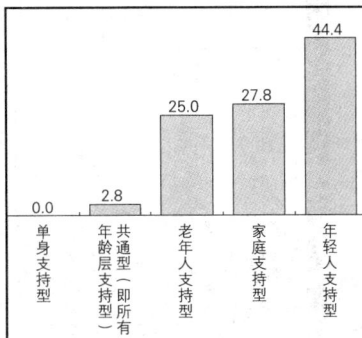

另外，从突出型商品①（将各分类中尤其显著的部分选取出来）的比例来看，年轻人支持型则占了近一半的比例（图表 2）。

图表 3 所展示的是各个分类下的商品数量。数据显示，年轻人支持型中的突出型商品有 16 种。

图表 3　各个分类下的商品数量

	整体	仅突出型
单身支持型	0	0
共通型（即所有年龄层支持型）	5	1
老年人支持型	27	9
家庭支持型	61	10
年轻人支持型	38	16
合计	131	36

2015 年 10~11 月实际销售情况

接下来，我们用下一页图表 4 中出现过的各类商品一览表来调查下各类型商品中是否存在某些共同的特性。图表 4 所展示的是，5.1 分类的 5 个类型相对应的商品按照销售

———————

① 突出型：5.1 分类中，在各年龄层支持的 5 种分类模式之外，各分类中有着显著倾向的部分。例如呈现出直线下降趋势的年轻人支持型曲线中坡度更急的部分，或是呈现放射状的家庭支持型曲线中央的山峰较其他更高的部分，都可以作为突出型事例。

图表 4　火锅底料·汤料的 5.1 分类 各单品的销量排行榜（除去单身支持型、共通型）

	年轻人支持型	分类	家庭支持型	分类	老年人支持型	分类
1	美味 胡麻豆乳 火锅底料 750g	年轻人	CHIGE 之素 Sunndobu 温和 300g	突出家庭	美味 什锦火锅蘸料 750g	老年人
2	美味 泡菜 咸味火锅底料 750g	年轻人	CHIGE 之素 Sunndobu 辣味 300g	家庭	日式火锅蘸料 300mL	老年人
3	土鸡火锅 咸味火锅底料 700g	年轻人	甜熟西红柿火锅汤 750g	突出家庭	Puchi 什锦火锅 23g*6个	老年人
4	Puchi锅 泡菜 23g*6个	年轻人	日式火锅的佐料汁 500mL	突出家庭	关东煮 80g	老年人
5	锅 cube 鸡汤 美味锅盐 58g	年轻人	温和 泡菜火锅汤 中辣 750g	家庭	关东煮汤汁 17g*2	老年人
6	Puchi锅 鸡汤白汤 23g*6个	突出年轻人	泡菜火锅底料 750g	家庭	日式火锅的佐料汤 稀释 460g	老年人
7	美味 土鸡咸味什锦火锅底料 750g	年轻人	CoCo 一番屋芝士咖喱火锅汤 750g	突出家庭	什锦火锅底料 750g	老年人
8	美味 猪骨酱油火锅底料 750g	突出年轻人	什锦火锅浓汤酱油 500mL	家庭	日式火锅蘸料 500mL	老年人
9	泡菜火锅底料 300mL	年轻人	什锦火锅底料 鸡肉汤 500mL	家庭	锅 cube 什锦火锅酱油 66g	老年人
10	美味 胡麻担担火锅底料 750g	突出年轻人	鸭汤火锅底料 750g	突出家庭	日式火锅专用佐料汤 330mL	老年人
11	美味 浓郁味噌 火锅底料 750g	年轻人	白菜火锅汤 750g	家庭	日式火锅佐料汤 240g	老年人
12	美味 浓郁白汤白汤 750g	年轻人	担担胡麻火锅汤 300mL	家庭	牡蛎火锅底料 750g	老年人
13	锅 cube 猪骨味噌 78g	年轻人	什锦火锅汤 酱油味 750g	家庭	日式火锅蘸料 315g	老年人
14	锅 cube 特辣泡菜 76g	年轻人	浓郁泡菜火锅汤 辣味 750g	突出家庭	美味 迷你包装 什锦火锅底料 4个	老年人
15	Puchi锅 什锦汤 23g*6个	突出年轻人	博多中华味 鸡肉余锅 400g	家庭	鱼丸火锅汤 720g	老年人
16	美味 海鲜汤 咸味火锅底料 750g	突出年轻人	豆芽美味火锅 咸味猪骨 400g	家庭	日式火锅汤 360mL	突出老年人
17	美味 辣魂味噌火锅底料 750g	年轻人	内脏美味火锅 酱油味 750g	突出家庭	白菜美味锅酱油味 800g	老年人
18	什锦 日式锅味噌 500mL	突出年轻人	什锦 日式火锅汤 400g	家庭	极上 日式火锅底料汤 360mL	突出老年人
19	锅 cube 浓郁白汤 79g	突出年轻人	什锦火锅底料 柚子胡椒风味火锅汤 500mL	家庭	极上和 PON 什锦火锅底料 5g*6个	突出老年人
20	奶油豆乳火锅料 1L	年轻人	胡麻火锅汤 1L	突出家庭	蔬菜满满的浓汤 750g	突出老年人
21	玉米火锅汤 750g	年轻人	猪肉蔬菜火锅 750g	家庭	海鲜什锦火锅汤 30mL*4袋	突出老年人
22	红色火锅汤 750g	年轻人	什锦火锅汤 750g	家庭	海鲜什锦火锅 酱油 750g	老年人
23	超美味鸡肉余锅 800g	突出年轻人	海鲜什锦火锅汤 味噌味 750g	家庭	鸡肉丸火锅汤 咸味白汤 720g	老年人
24	内脏美味 味噌味 750g	年轻人	敘叙苑 泡菜锅 味噌 650g	家庭	浓汤 720g	老年人
25	锅 cube 温和豆乳锅 77g	年轻人	海鲜什锦火锅汤 750g	家庭	蟹肉火锅底料 750g	老年人
26	Premium 竹荪豆乳火锅汤 720g	年轻人	鸡汤胡麻锅组合 113g	家庭	真鲷汤 咸味火锅底料 700g	突出老年人
27	博多内脏 咸味酱油锅 700g	年轻人	美味 迷你包装 胡麻豆乳火锅底料 4个	突出家庭	牡蛎锅汤 750g	老年人
28	浓郁蒜味鸡汤白汤 火锅底料 750g	突出年轻人	Tara 咸火锅 720g	家庭		
29	鲜虾汤 750g	年轻人	西贝咸味火锅组合 100g	家庭		
30	美味 猪骨酱油火锅底料 4个	年轻人	博多中华味 肉脏火锅汤 400g	家庭		

2013 年 10~11 月实际销售情况

数量由高到低的顺序排列而成的结果（单身型、共通型由于比例极低，此处忽略不计）。

观察该图表我们注意到，与寿喜锅相关的底料，全部集中于老年人支持型。其中还包含该种倾向极其显著的突出型的几个事例。5.1分类的结果也是对开头部分我提到的寿喜锅是一种高龄层支持率明显较高的料理的佐证。另外，家庭型商品由于其容量的特点决定了许多商品都呈现出家庭支持型倾向。

在被归类于年轻人支持型的商品中，多数为在家庭支持型中几乎不曾露面的小分量类型商品。销售数量靠前的商品中也出现了3种该类型商品，分别占据第4~6位。老年人支持型中虽然也出现了小分量类商品，但它们无一例外都是什锦火锅。前面提到的年轻人支持型中出现的16种突出型商品中，猪骨汤酱油、浓郁猪骨汤、浓郁味噌汤、浓郁鸡白汤等味道浓郁的浓厚系商品为其共同特征。

综上所述，结论一目了然——仅瞄准家庭铺设多个销售网的方法过于笼统，索然无味。

那么，我们应该如何利用上述5.1分类的结果进行卖场改善呢？接下来，让我们一起来思考下这个问题。

年轻人支持率高的小分量型也应大力推销

多见于年轻人支持型的小分量型商品有一个特征——它

可以根据食用人数随时调整投放到锅中的底料的量。一个人享用火锅的时候小分量自然便利，况且中途也可按需追加。很多人可能会因此认为小分量这种商品规格的支持率很高，但实际上未必如此。例如，在蔬果卖场摆放小分量白菜的平台附近，陈列小分量的火锅底

图片1　火锅底料：（左）家庭型商品、（右）小分量商品

料进行关联销售，其结果如何呢？火锅底料的销售量能得到有效提升吗？小分量的火锅底料由于包装形态容易与其他类似商品混淆（**图片1**），对于那些"不知道"的顾客来说，十分难以区分。毕竟在年轻人群体中，这类商品的浸透程度尚不算高。而一旦那些"不知道"的顾客注意到并识别出来它们，其被购买的机会应该也会增加。

面向家庭型的大容量商品早已深入人心，而小分量类的商品在市场上崭露头角只不过数年光阴。

一个人生活的年轻人与家庭主妇不同。主妇们在 SM 购物的频率极高，年轻人则少有那样频繁购物的机会。因此，在打造卖场时，应该假设我们的顾客中存在着许多"不知道"的年轻人。

在一些 SM 中，年轻人中支持率显著高的商品，也容易得到老年人的青睐，甚至转化成老年人支持型。尽管如此，

这些SM也应该能够意识到该类商品可以对新支持层的开拓贡献很大的力量。鉴于此，不难从卖场的宣传、商品的展开手法等各方面下功夫以达成目标。

此外，从商品开发的视角来看，我们应该注意到老年人支持型商品几乎仅局限于寿喜锅、关东煮、什锦火锅等。

尽管卖场里的商品琳琅满目，老年人支持型却几近于无。由此可以推断，年龄越大，越多的人认为没有必要特意去市场上购买火锅底料。

原本市场上开始售卖各式各样味道的火锅底料也不过是新近出现的趋势。在此之前，商品种类并不像今天这般丰富多彩。如今的商品打造似乎已经转而指向了年轻人层的嗜好，若真是如此，也就意味着市场扩大仍存在许多的可能性吧。

小分量型的什锦火锅在老年人支持型商品中位列前茅，浓厚系列商品却在年轻人中获得了高支持率。由此可见，在商品开发时有意增加小分量的、清淡系列的商品种类，就很有可能可以打造出一款在高龄层中热销的商品。

这一点，在自主品牌商品的开发中应该也是同样适用的。SM有必要进一步推进与商品有效结合的火锅相关材料的小分量销售，以及在火锅材料区进行小分量火锅底料的关联销售。许多SM在这一块投入的措施、精力远远不够，有待进一步发掘、提高。

适量且齐全——中华料理展销会的精髓

首先，我们来看下中华料理展销会的例子。在之前的 5.1 分类中，八分之一切块白菜被归为暗示年轻人、老年人两类单身人群支持率的单身型（U 字型曲线）。因此，我一直主张各大 SM 应该陈列八分之一切块白菜。也有 SM 将与八分之一相当量的白菜切碎装入袋中进行销售。

图片 2 所展示的是味之素的 "Cook Do®" 八宝菜包装袋背面的材料一览。上面所记载的使用白菜量为 250g。250g 就相当于普通白菜的八分之一。

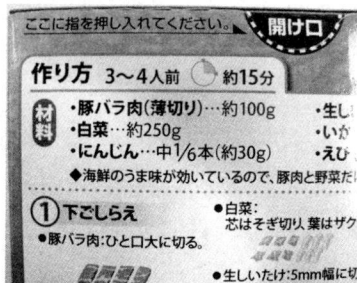

图片 2　Cook Do® 八宝菜包装袋背面

然而，在一些打出 "中华料理展销会" 旗号并在蔬果卖场陈列 "Cook Do®" 商品的 SM，一律只把白菜切块至四分之一进行销售。这也就意味着那些一个人生活的顾客为了消耗完剩余的白菜，可能得连续好几天吃同一道菜。

在网上用 Cookpad 检索一下使用白菜的菜谱，你会发现许多 4 到 5 人食用的菜所使用的白菜量也不过只有八分之一。

蔬果卖场的负责人若想在作业效率提升之外优先考虑其他对策，不妨尝试以顾客数据为工具来说服店长在店内陈列八分之一切块或袋装的白菜碎。这也是数据活用的一种方式。

图表 5 所展示的是我称之为销售额结构分析的分析图。前面我花了大量篇幅集中介绍了 5.1 分类的 5 个模式以及各自的使用方法。在这里，我想说明下通过比较不同时期下同一个 5.1 分类的结果而得到的新发现。

图表5　销售额结构分析图

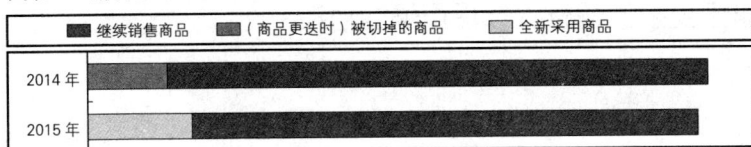

事例为前面提到过的火锅底料与前一年同一时期进行对比（假设时期为商品更迭前后）后得到的结果。如图表 5 所示我们可将商品大致分为更迭时被切掉的商品、继续销售的商品、全新采用的商品 3 个类别。由于该分析的目的在于把握销售额的增减具体起因于上述 3 类商品中的哪个地方，故称其为销售额构造分析。

从图表 5 中可以看出，两年的整体销售额差异不大。通过对被切掉商品与全新采用的商品的销售额进行比较，我们发现，全新采用商品的销售额超过了被切掉商品的。再将两年的继续销售商品进行对比发现，很明显今年的销售额有所下降。从 SM 火锅底料销售的实际情况来看，其结果似乎与前面提到的 Mizkan 的调查结果并不一致。这可能是因为去年与今年气温差异较大导致销售额评价困难，此处暂不深究，另当别论。

若继续销售商品的增长也开始放缓，同时全新采用的商品的销售额也低于被切掉的商品，那么可以很容易判断这次的商品更迭失败了。接下来，我们就通过这个视角来粗略地探索一下。

摒弃复杂的解析　选择正确的对策

首先我们结合 5.1 分类来看一下这个结果（**图表 6**）。仅从图表 6 来看，我们会发现火锅底料中年轻人群支持商品创造了最高的销售额（虽然这只能代表当时的结果）。实际上，在市场上尚未出现许多小分量型商品的 2013 年，年轻人支持型，几乎与家庭支持型商品的销售额处于同等水平（**图表 7**）。

图表 6　销售额结构分析图　5.1 分类（单身支持型、共通型除外）

图表 7　3 种分类的销售额构成比　2013 年

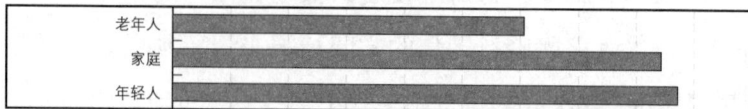

伴随着年轻人支持型商品的扩张，家庭型与年轻人型的比例渐渐拉开了距离。这其中起到重要作用的就是小分量型的火锅底料的销售额在不断增长。之所以这么说是因为，只要将小分量型商品的销售额从年轻人支持型商品中减去，你会发现它跟家庭型的差异大大缩小。

另外，家庭支持型商品中，全新采用商品、继续销售商品与前一年相比销售额都有所下降。而老年人支持型商品中，这两类商品的销售额却都有所增长。此外，老年人支持型商品中，与前一年相比销量增长位居第 1、第 2 位的均为小分量型商品（**图表 8**）。

图表 8　老年人支持型商品的销量增长排行榜

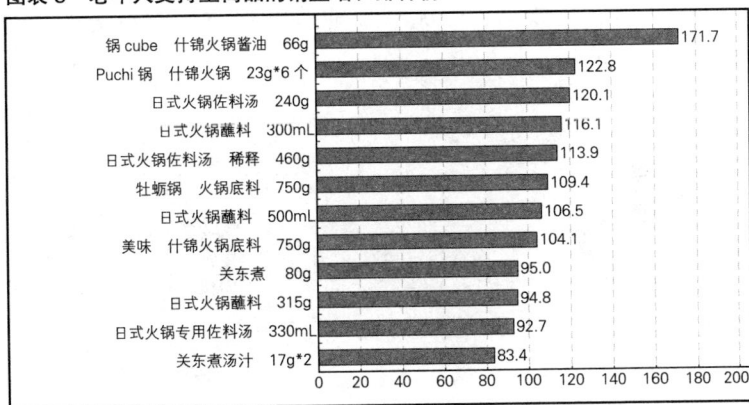

商品	销量增长
锅 cube　什锦火锅酱油　66g	171.7
Puchi 锅　什锦火锅　23g*6 个	122.8
日式火锅佐料汤　240g	120.1
日式火锅蘸料　300mL	116.1
日式火锅佐料汤　稀释　460g	113.9
牡蛎锅　火锅底料　750g	109.4
日式火锅蘸料　500mL	106.5
美味　什锦火锅底料　750g	104.1
关东煮　80g	95.0
日式火锅蘸料　315g	94.8
日式火锅专用佐料汤　330mL	92.7
关东煮汤汁　17g*2	83.4

2015 年实际销售情况（与 2014 年相比）

通过使用 5.1 分类，我们获得了许多新的发现。对这些发现进行整理后，几乎可以断定以下假说是成立的。

小分量型的火锅底料在年轻人层、老年人层的市场中仍然存在上升空间。前者可通过开展旨在提高知名度的交叉销售、关联材料的小分量销售，以促成更大的销售额提升。后者可结合老年人的嗜好进行商品开发以及通过试用等促销方式挖掘潜在的顾客需求。

具体的对策，我在文中也提到了一部分。在这里想要强调的是，企图通过铺设多个销售点这种简单粗暴式的多点展开不可取，应从该误区中脱离出来，更多地站在顾客的角度思考问题。只要能做到这一点，你就会发现能够让销售额上升的空间其实还很大。

成也年龄，败也年龄。年龄层数据时而微不足道，时而举足轻重。在一头扎进复杂的解析之前，我们更应该把目光投向手头已有的数据，更加深刻地认识到它们的价值所在以及其中尚待发掘的无数个宝藏。

第 **2** 章

顾客目标的科学化

6. 何谓正确的"面向老年人的商品"？
圆白菜很必要，也有必要是一次能用完的量

假设这样一种场景：一位顾客在购买了一件商品之后，在店长的推荐下又购买了另一件关联商品，而这件商品原本是在计划之外的。

此时，这位顾客十有八九会认为"这个店长真会做生意啊"。若是没有店长这一句推荐，自己应该不会购买关联商品——从这个角度来说，这位店长确实称得上会做生意。

再假设另一种场景：店长没有直接跟顾客推荐，而是通过店内的宣传 POP、商品的陈列方式以及配置等卖场布置促使顾客产生购买"目标商品以外的商品"或者"完全没有计划购买的商品"。这种情况下店长应该也足以称得上会做生意。

然而，这里需要提醒大家注意的是对"度"的把握。对于那些"通过巧言令色强行向顾客推销不必要商品"的行为千万不能把它错当成会做生意。

会不会做生意，归根结底还要看其行为的结果是否给顾客带来了满足。会做生意的结果必须是让顾客满意的结果，

这一点非常重要。

抓住各年龄层的需求的 "5.1分类"

因此，想真正会做生意，必须在抓住顾客需求的道路上付出孜孜不倦的努力。这种需求包括 "显在的" 和 "潜在的" 两种。

这其中最强大的武器就是顾客数据。毋庸置疑，没有顾客数据，如此多样化的顾客需求根本无从解读。

本书将通过顾客数据，对最近的 SM（包括新店、现有店铺的改修）的全新销售计划（MD）的开发、新部门的导入、卖场建设、宣传的技巧等进行评价、验证，并尝试梳理出其中要点。

分析时所采用的就是我在前面一章提到过的 5.1 分类分析手法。

图表 1 是将流动会员①中各年龄层的占比与购买某件商品的会员的各年龄层占比对比后的结果。图表中所使用的数字均是按照图表下方所记载的公式计算得出的。由此得出的各年龄层的特性——5 种类型即如图表 1 中的 5 条曲线所示。

之所以分为 5 种类型，有以下两个原因。其一，区分的类型越多所需要的解析时间越长，相应地也需要更多的对策，

———————————

① 所谓流动会员指的是，使用积分卡的顾客（不包括没有过购买行为的静止会员）。

図表 1　各年齢层的特性 5.1 分类中的 5 种类型

表格中未标记 0.1 的部分（突出型）

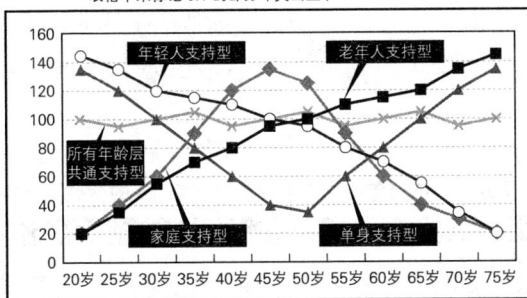

购买对象商品的会员的各年龄层构成比 ÷（流动）会员的各年龄层构成比 *100%
※（流动）会员 = 调查期间有过购买行为的会员

因此必须要精简。其二，在对多家公司 20 万件以上的单品进行全数调查的结果显示，无论何种商品几乎都能在这 5 种分类中找到归属（个别销量极少的商品除外）。

那么，不称作"5"，而称作"5.1"分类的理由又是什么呢？多出的"0.1"实际上指的是各类中尤其突出的、明显的部分。为了能够更全面地把握数据、不遗漏，且把这部分称作"突出型"，算成"0.1"以做进一步区分。

老年人支持型中的突出型——"薰衣草之香"

近来，"老年人"这个词，受到了前所未有的关注。然而，几乎所有的企业都只是导入了积分卡来赶一赶这股"老年人"的时髦。比起活用自己手中最强大的武器——顾客数据分析，很多企业似乎更热衷于利用促销手段。

我们一起来看下"芳香剂"的 5.1 分类。**图表 2** 所展示的正是分析结果（篇幅有限，此处只选取老年人支持型中销售量靠前的商品）。从中我们可以发现，在其他任何类型中均未登场，仅在老年人支持型商品中集中亮相的正是薰衣草香气系列商品。

图表 2　洗手间芳香剂中老年人支持型商品销售前 15 的商品排行榜

	商品名称	
1	洗手间除臭喷雾 无香料 330mL	老年人
2	蓝酵素 power 2 倍 120g	老年人
3	洗手间除臭喷雾 薰衣草香气 330mL BL19	突出老年人
4	SAWADE 新包装 薰衣草＆蓝薰衣草香气 140g	突出老年人
5	洗手间除臭 薰衣草香气 400mL	突出老年人
6	洗手间除臭 海洋皂 400mL	老年人
7	洗手间除臭 苹果薄荷香气 400mL	老年人
8	SAWADE 新包装 lemon＆Sweety	突出老年人
9	洗手间除臭 舒缓薰衣草	突出老年人
10	离子 power 除臭 SP 柑橘香气	老年人
11	离子 power 除臭 SP 薰衣草香气	突出老年人
12	如厕后 1 滴强劲除臭 20mL	老年人
13	如厕后 无香料 330mL	突出老年人
14	如厕后 清新绿色 330mL	突出老年人
15	Bluelet 放在那里就好 新包装 茉莉香气 25g	突出老年人

2013 年 3~8 月实际销售情况

其他几家公司也出现了同样的结果。为什么偏偏是薰衣草呢？这个理由也只是推测（在众多芳香剂中，薰衣草从很久以前开始一直是最流行的，因此老年人认为这款香气最亲切）。实际上也存在许多其他集中于老年人支持型，且带有特定的嗜好以及特性的商品。例如使用赤豆做成的点心面包和冰点心、无油型调味料、玄米茶等。

对于只在某一种类型中出现的商品，只要能够找出它们的共同特征，其被偏爱的理由应该也很容易推测了。5.1 分类以中小分类为单位，分别将 5 种支持型中销售量大的单品按顺序排列出来。由此便能把握各种支持型中出现的商品的共同特征。我们来看下 PB 商品相关的一个事例。

图表 3 所展示的是某种零售 PB 商品（这里主要指的是价格吸引型的 price brand 的 PB 商品）与该领域顶级民族品牌（NB）商品（推测为其 benchmark 的对象）的 5.1 分类结果比较。

图表 3　5.1 分类下的 NB、PB 比较（左 NB：右 PB）

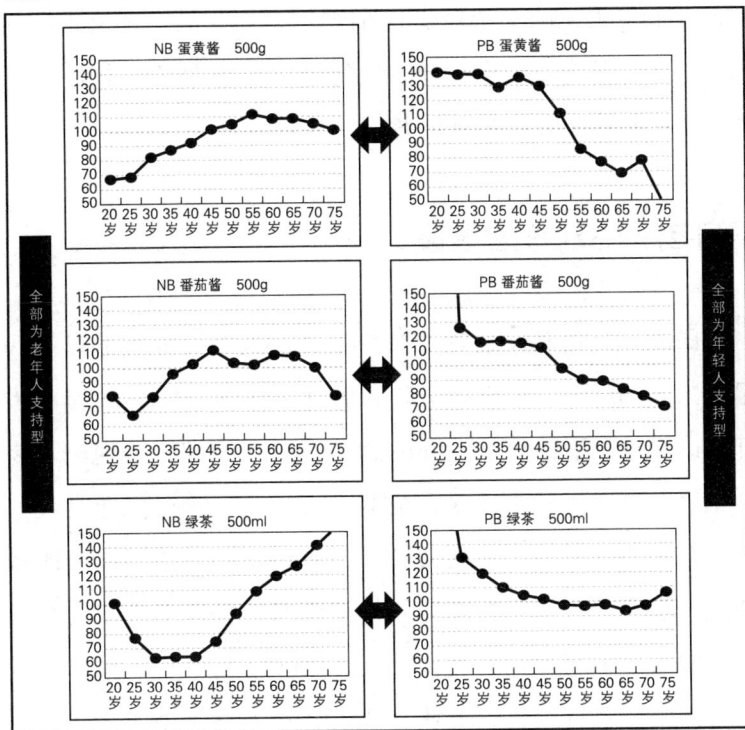

NB 蛋黄酱　500g
PB 蛋黄酱　500g
NB 番茄酱　500g
PB 番茄酱　500g
NB 绿茶　500ml
PB 绿茶　500ml

全部为老年人支持型

全部为年轻人支持型

结果一目了然——事例中所列举的 3 件商品，其 PB 与 NB 的曲线走势完全相反。

当然，这并非我刻意为之。被当作 Benchmark 对象的 NB 商品作为品牌商品，其信赖度原本就高，且许多商品寿命很长。年龄越大的人对其忠诚度越高，成为老年人支持型商品也是情理之中的结果。

另外，PB 商品则成功地笼络了一个新的购买层，也就是年轻人——他们并不拘泥于是否是品牌，只要商品看上去相近，他们便更偏向于选择价格相对优惠的商品。完全相反的曲线走势，其内涵就是"共生共存"。也就是说，相反的曲线走势才称得上是零售业的福音。

得到老年人支持的盒装饭

图表 4 是将某家连锁店加热型商品的 5.1 分类通过折线呈现出来的结果。表格所记载的是位居前 30 的商品，其中大部分商品均呈现出直线下降的趋势，仅一小部分呈现出了完全相反的直线上升型走势。它们就是"盒装饭"。通常我们认为，加热型商品作为简便食品，年轻人的支持倾向会比较强烈，事实上，几乎所有商品都呈现出年轻人支持型（直线下降曲线）的特点，这也是对上面观点的验证。

其中，只有盒装饭单独呈现出老年人支持型的特点，这大概是因为老年人中有着"每次都得煮一人份的饭太麻烦了，

图表4　食品杂货（加热型）的5.1分类
（销量排名前30的商品）

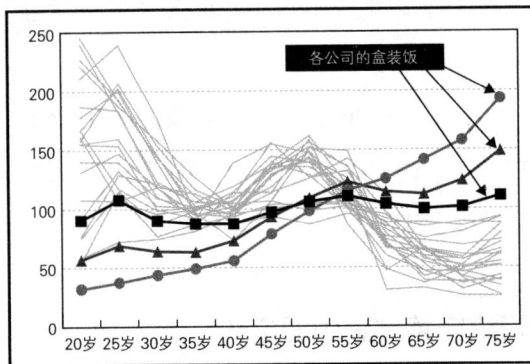

但比起面包更想吃米饭"的想法的人很多吧。

　　也许就是因为意识到了这部分老年人的需求，几年前还未曾见过的130~130g（约一餐饭的量）的盒装饭，开始在SM出现并不断增加。

　　开发出作为PB商品的"小分量盒装饭"并开始进行零散销售的，正是东急store和MARUETSU。实际上从老年人的角度来说，能以最小单位进行购物是非常重要的。单是4盒120g~130g的盒装饭就已经将近500g了，要把它们提回家对老年人来说是个不小的负担。

　　零售，作为最接近顾客的一种销售形式，原本应该在第一时间注意到顾客的需求。从这个角度来说，PB首先开发出了NB所没有的小分量盒装饭，并进行零散销售，可以说是很好地履行了PB该有的使命。这一点是值得高度赞扬的。

　　眼看盒装饭中的小分量商品在不断增加，副食卖场理应瞄准趋势备上同样的商品，但不知为何小分量的米饭商品却几乎不见踪影。尽管也见到 150g 左右分量的米饭在售，但 150g 以下分量的商品极其少见。

后来，终于在高津东急 store（川崎市高津区）的副食卖场发现了 120g 左右的米饭。盛放它的容器比普通容器略小，上面贴着"少量"的标签。

八分之一切块白菜才是必要之选

许多 SM 都会将蔬菜切块后进行小分量销售。例如，圆白菜会有 1 整棵、二分之一棵、四分之一棵三种尺寸；萝卜也一样，会分成 1 根、二分之一根、四分之一根三种不同分量进行销售。

然而，市场上切块销售的单位，多数仅止于四分之一，也就是说四分之一及以上是主流，其以下的尺寸则很难看到。再者，同样是一棵，一棵白菜跟一棵生菜的差别也是相当大的。

那么，究竟应该切分到什么程度呢？其判断的标准应该如何确定呢？INAGEYA 下石神井店（东京都练马区）、ITOYOKADO 食品馆石神井公园店（同上）等店也销售八分之一切块白菜。**图表 5** 所展示的是各年龄层支持度强弱的折线图。这里希望大家注意一点，即这些曲线大致可分为两种模式——U 字型曲线和非 U 字型曲线。

图表 5　整个销售和切块销售蔬菜 各年龄层支持率比较（%）

（上：1 棵、1 根销售 / 下：切块销售、散售）

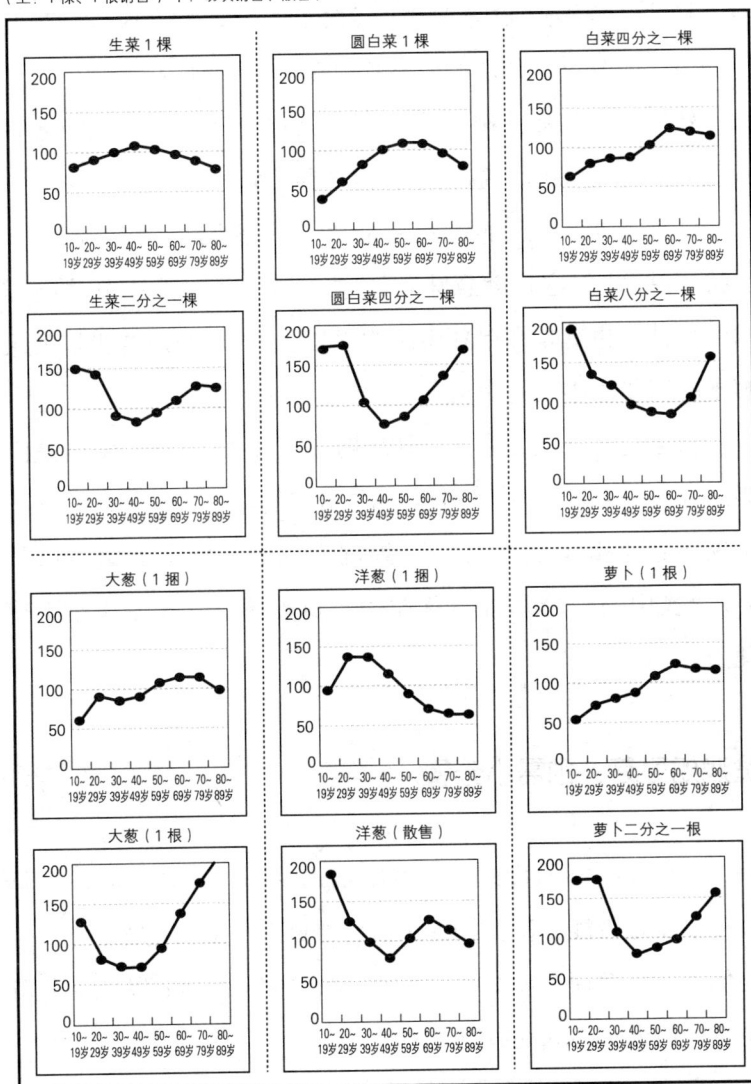

生菜 1 棵

圆白菜 1 棵

白菜四分之一棵

生菜二分之一棵

圆白菜四分之一棵

白菜八分之一棵

大葱（1 捆）

洋葱（1 捆）

萝卜（1 根）

大葱（1 根）

洋葱（散售）

萝卜二分之一根

这里所列举的事例有一个共同点，即"越进行小分量销售，其曲线均接近 U 字型"。圆白菜、生菜、萝卜等二分之一切块、四分之一切块的商品均呈现 U 字型走势。

然而，白菜却独树一帜。白菜只有八分之一切块时才首次呈现 U 字型曲线。这又该做何解释呢？

U 字型曲线所代表的意义是"年龄越小或者年龄越大其支持率越高"。这也就意味着该类商品在"对于小分量有需求的群体，也就是在单独生活的学生、OL 以及只要少量就足够了的老年人中支持率很高"。

白菜之所以在四分之一切块时未呈现 U 字型，主要是因为四分之一并非一个"可以一次用完的量"。这个结论绝不是仅凭感觉得出而是有实际数据支撑的。事实上之所以将 5.1 分类中的 U 字型曲线称作"单身支持型"也是出于上述理由。

贫贱如豆芽，也需小分量

从白菜的例子我们可以得出结论——"小分量的最小单位应该以是否能一次使用完来进行判断"。豆芽就是一个很好的例子。豆芽通常以 200g 装的分量被销售，200g 以上的分量也有，但低于 200g 的却极少见。

那么 200g 的豆芽是否是一个合适的"可一次用完的量"呢？尽管也取决于做什么料理，但我认为这个答案是 NO。

可能也有人认为豆芽单价原本就低，没必要再分割出比 200g 更少分量的商品来拉低单价。然而，说到底这还是一种站在"卖方立场的判断"。实际上正是因为豆芽这类蔬菜容易变质、损坏，才更有必要打造可一次性用完的分量的商品。

在东急 store 就有 100g 装的豆芽销售。也有 SM 把 150g 看作可一次用完的量。就目前而言，100g 是我所知道的范围内最少的分量。

现如今，不少零售都在标榜对环保的重视。我认为，将"是否是一次可用完的量"作为衡量的标准，重新评估各商品的分量是否合理也是重视环保的表现之一。

小容量的罐装啤酒绝不可被"束之高阁"

啤酒中的小分量（135mL）商品，许多都被摆放在贡多拉架或者多层冷藏柜的最上层。

然而，在高津东急 store，它却被放置在 6 层冷藏柜中的第 4、第 5 层（最下层是瓶装啤酒）。这种配置从老年人的角度来看，简直是太有道理了。为什么这么说呢？请看**图表 6**。图表 6 所展示的是不同的啤酒单品各年龄层的支持率。值得注意的是，与其他相比，显得尤为突出的是直线上升型的 3 件商品。其共同点就是它们都是小容量罐装商品。

诸如这种老年人支持率极高的商品，当然也必须考虑到高龄女性购买的场景。若将商品置于贡多拉架的最上层（最

图表 6 啤酒（日本产）的各年龄层支持率
（销量前 30 的商品）

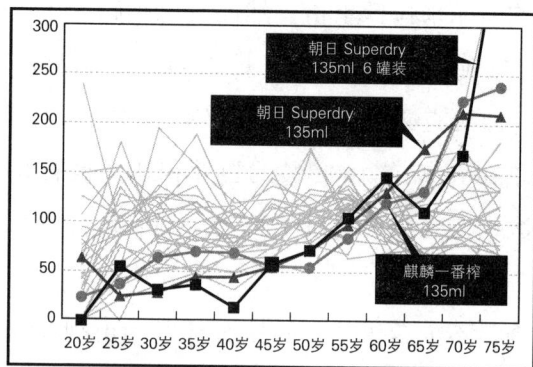

2013 年 3~8 月实际销售情况

上层要是被安装了防止商品滑落用的挡板就更不利了），不难想象，这将很不便于老年人拿取商品。

在最上层几乎成为小容量啤酒的"固定位置"的潮流下，逆其道而行之的店铺也在逐渐增加。除了上面提到的高津东急 store 以外，还有 INAGEYA 的下石神井店、YAOKO 的若叶 WALK 店（埼玉县鹤岛市）等。

对于老年人顾客群体投入越多精力的 SM，越有必要通过顾客数据对其进行验证。

7.

"面向老年人的商品" 应有的姿态是？
支持的关键在于盐分、量和老店商品！

不知大家是否有留意到，与老年人的核心相关联的词汇，在英语中几乎都以"S"开头。例如，盐分（salt）、糖分（sugar）、小容量（small quality）、独居（single）、小分量（subdivision）等。本次仅以盐分（salt）为中心试着探讨下。

这是我在某家 SM 看到的真实场景——在梅干卖场有一位老年人顾客，嘴里不停地在嘟囔着什么。过了一会儿，这位顾客叫住了路过的工作人员，跟他询问了什么。只见那位工作人员不知为何又去找了另外的工作人员。整个过程大约花费了 15 分钟。

原来，那位老年人顾客只是想要问一下手里梅干的盐分含量。一般情况下盐分信息应该会标记在容器上，但或许是因为标记得比较模糊让顾客摸不着头脑吧。询问了工作人员似乎也没得到明确的答复，最后带着一脸困惑的表情离开了卖场。

事实上，这家 SM 商品多以高级品为中心，商品介绍卡片上的信息量也很大。各式各样的商品几乎都采用了与红酒商品类似的介绍方法，记载的信息十分详尽。

即便如此，有些信息仍需要叫来工作人员当面询问才能知道。由此可见，宣传如果脱离了顾客，即不能准确把握顾客想知道的信息并进行宣传，那么再详尽的宣传也毫无意义，无异于无的放矢。

拿上面的例子来说，其关键就是盐分的含量。梅干这种商品的宣传点颇多，除去品种（产地）及制作方法、是否染色等，尚有许多其他各式各样的可待宣传。然而，不容忽视的是，梅干原属含盐量较高的食品，越关注高血压的老年人顾客层越介意其盐分含量。

因此我认为，在梅干的商品介绍卡片上，需要优先标记、宣传的应该是盐分的含量。

KIKKOMAN 新型容器 200mL 装 "停售" 的影响

曾经销售量走高的 KIKKOMAN 新型容器酱油中也一度出现了 "停售" 的商品。

开封后只要不接触空气便可保持鲜度的新型容器 200mL 装的低盐型商品——停售的就是它。

图表 1 所展示的是停售期间，该商品的回头客们所购买的其他替代商品的情况。

图表 1 所比较的是，该商品从零售店铺消失前的 7 个月（3~9 月）与停售的 4 个月期间（12 月~次年 4 月），回头客

图表 1　"时刻新鲜 低盐圆大豆生抽 200mL" 的回头客在商品停售期间每月的酱油购买情况

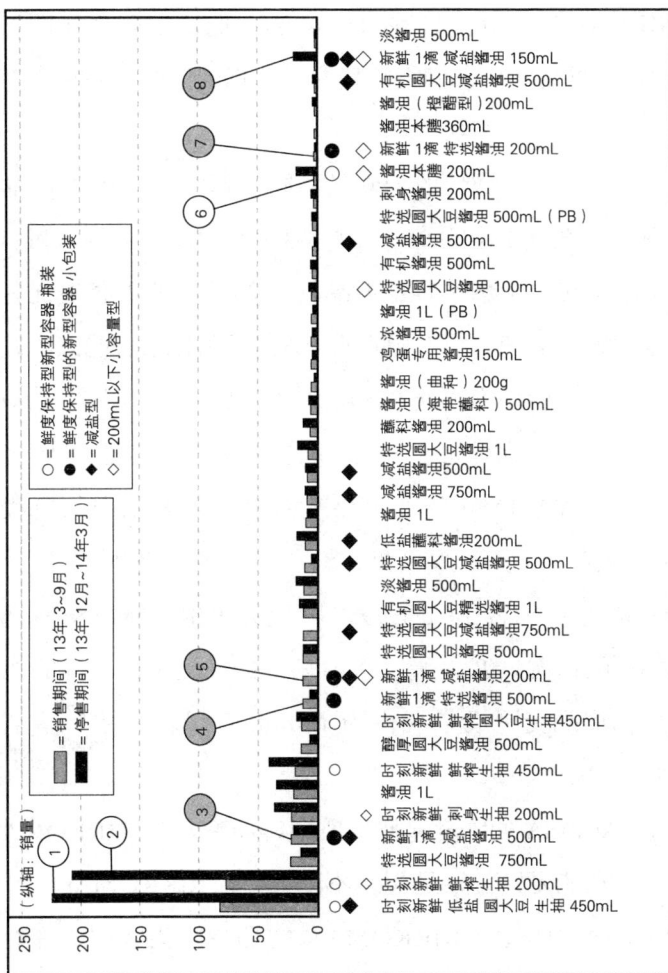

（纵轴：销量）

○＝鲜度保持型新型容器 瓶装
●＝鲜度保持型的新型容器 小包装
◆＝减盐型
◇＝200mL以下小容量型

■＝销售期间（13年 3~9月）
■＝停售期间（13年 12月~14年3月）

250
200
150
100
50
0

①
②
③
④
⑤
⑥
⑦
⑧

●◆◇　新鲜1滴 减盐酱油 150mL
◆　有机圆大豆减盐酱油 500mL
淡酱油 500mL
酱油（橙醋型）200mL
酱油本酿360mL
●◇　新鲜1滴 特选酱油 200mL
○　酱油本酿 200mL
刺身酱油 200mL
特选圆大豆酱油 500mL（PB）
◆　减盐酱油 500mL
有机酱油 500mL
◇　特选圆大豆酱油 100mL
酱油 1L（PB）
浓酱油 500mL
煎蛋专用酱油150mL
酱油（曲神）200g
酱油（液带醋科）500mL
醋科酱油 200mL
特选圆大豆酱油 1L
◆　减盐酱油500mL
◆　减盐酱油 750mL
酱油 1L
低盐醋科酱油200mL
特选圆大豆减盐酱油 500mL
淡酱油 500mL
有机圆大豆精选酱油 1L
◆　特选圆大豆酱油750mL
特选圆大豆酱油 500mL
●●◇　新鲜1滴减盐酱油200mL
●●　新鲜1滴特选酱油 500mL
○　时刻新鲜 榨油大豆生抽450mL
醇厚酱油 500mL
○　时刻新鲜 榨生抽 450mL
◇　时刻新鲜 刺身生抽 200mL
酱油 1L
●●　新鲜1滴减盐酱油 500mL
特选圆大豆酱油 750mL
○　时刻新鲜 圆大豆生抽 200mL
○◆　时刻新鲜 低盐圆大豆生抽 450mL

每月的实际购买情况。

图表显示，在停售期间销售量增长最快的为同款
KIKKOMAN 的新型容器 450mL 装的低盐型商品（图表 1 中
的①）。可见回头客们将消费的矛头指向了同类型更大容量的
商品。

销售量增长次快的为同类型同容量，即 200mL 的非低盐
型商品（图表 1 中的②）。由此可推断比起盐分的含量，这群
回头客更优先考虑小容量商品（他们是一群不会最优先考虑
低盐的顾客群吧）。停售期间，销售量明显增长的只有以上两
款商品，二者均为同款 KIKKOMAN 品牌。

事实上，在酱油的鲜度保持型的新型容器商品领域开
先河的是 YAMASA 酱油。该款酱油为图表 1 中灰色线表示
的③④⑤⑦⑧。由图可见，其中并未出现大的变化，因此
也可认为回头客中几乎并未出现弃 KIKKOMAN 而选 YA-
MASA 的情况。⑧之所以有增长，据推测是由于⑤的 200mL
容量的商品变更成了规格为 150mL 容量，导致一些消费者
转向了⑧。

YAMASA 的鲜度保持型新型容器商品与 KIKKOMAN 相
比，其功能无异，只是包装不同而已。KIKKOMAN 为瓶装，
YAMASA 为袋装。KIKKOMAN 的那些回头客们或许对瓶装
情有独钟吧。

这个推断也可以从以下事例中得到佐证——图表 1 中的
⑥所表示的是 HIGETA 酱油的商品，它与 KIKKOMAN 一

样，为瓶装的鲜度保持型新型容器商品，虽说销售量算不上大，但停售期间也出现了明显的增长。

然而，从零售的视角来说，我们应该意识到另一个更重要的问题——停售前的 2123 名回头客中，约 3 成即 675 人停止了酱油的购买，每月的购买件数竟然减少了 3 成以上。

这一部分顾客是否流向了其他店铺，并购买了它们所销售的其他厂家的酱油呢？毕竟，整个停售期间完全不使用酱油的可能性是极低的。只能说，我们在明明有市场需求的情况下竟完全错失了机会。

说到其他厂家的酱油，关东地区 MARUETSU 的 PB 商品、ICHIBIKI 的酱油都与 KIKKOMAN 一样，有 200mL 瓶装商品销售。而且，MARUETSU 的 PB 中也有低盐型商品。

实际上，上述这些信息都可以通过顾客数据获取。若能够事先解读数据，及时导入前面提到过的全新 NB 商品的策略，或许可以避免流失 675 名之多的顾客吧。

图表 2 "时刻新鲜 低盐圆大豆生抽 200mL" 的回头客在商品停售期间每月的酱油购买件数及购买人数

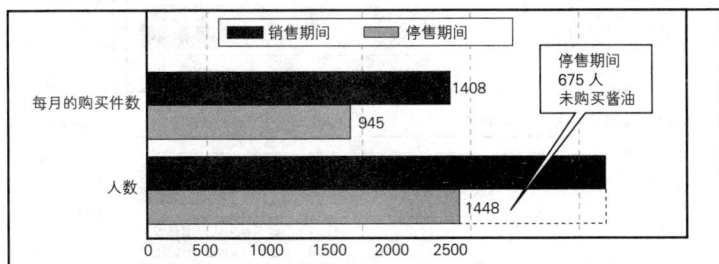

KIKKOMAN 的低盐型 200mL 装商品，由于过度畅销，导致容器生产跟不上市场需求，从而造成停售的局面。这款商品的优势较多，除了采用新型容器外，还满足了其他几个我在开头部分介绍过的跟老年人相关的关键词（以 S 开头）。

一个是盐分（salt），另一个是小容量（small quality）。再者，KIKKOMAN 本身也是一个品牌，因此还具备了品牌老店（store of long standing）中的 S（越是品牌老店中的 NB 商品，其老年人的支持率越高）。

实际上，在这些堪称老年人应对准则的关键词之外，可在餐桌上直接拿来使用的便捷性或许也捕获了不少老年人的心。这应该就是销售量之所以会超过容器生产周期的原因。

图表 3 所展示的是新型容器酱油 200mL 装低盐型（停售）与 450mL 非低盐型购买者的年龄层占比。

图表 3 所有购买者（总人数）与重度消费者（Decile 1）的各年龄层购买人数构成比

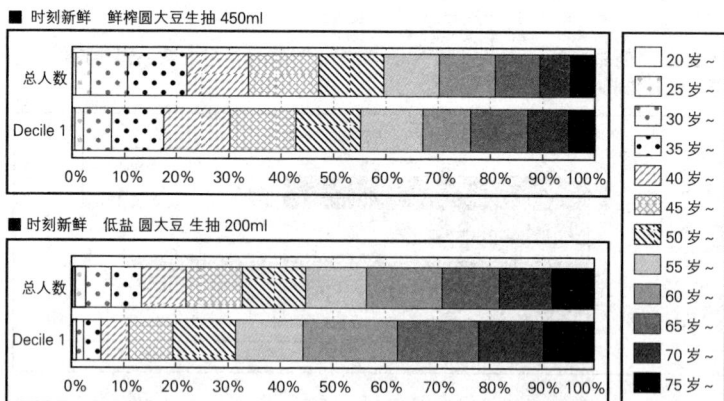

深色网格区分开来的就是 55 岁以上的老年人①。由此可见，前者中的老年人占比要显著高于后者。

此外，两家酱油中都出现了老年人占比不断增大，且与重度消费者（Decile 1）占比例越来越接近的倾向。这个数据正从反面证实了已经停售了的酱油究竟在老年人群体中获得了多高的支持率。

"盐分 cut" 的味噌，盐分真的很低吗?

接下来，我打算通过味噌——这个与酱油并列称为日式料理代表性调味料——的事例，再来探讨下盐分（salt）的标记。

假设你是一名家庭主妇，由于丈夫的血压偏高，一直以来对盐分比较注意。那么，面对**图表 4** 中出现的 8 种味噌，你会做何选择呢? 我想你首先应该关注到的是商品中盐分 cut 的标记，最终选择的商品也应该是带有该种标记的商品吧。换言之，你最终的选择应该就在图表中画√的三件商品之中。

实际上，盐分 cut 的比例，只是针对自己公司生产的普通商品而言盐分含量的水平高低，因此并不能单纯地比较各生产厂家的盐分含量。要正确比较，则应该按照商品上记载的营养成分表计算出每 1000g 的盐分含量，再进行对比。

---

① 老年人的定义有多个。一般将 65 岁以上的人称为老年人。这里则将 55 岁以上定义为老年人，并在表格中使用深色网格进行区分。

图表 5 是对图表 4 中出现的味噌的盐分含量进行计算后，将其结果按照由低到高的顺序排列而成。结果有些出人意料，盐分最低的味噌并非出自带有减盐标记的商品中。而带有盐分 20% cut（8.7g）标记的商品的最佳名次不过第三而已。

图表4　8种味噌（杯装）商品

商品名称	
MARUKOME 京怀石 650g	☐
山内总店 无添加　幻之味增	☐
MARUSANAI 味增匠人 美味奢华 750g 盐分 15cut	☑
ICHIBIKI 低盐红酱 天日盐 盐分 20cut	☑
竹屋 TAKEYA 味增 低盐 20cut	☑
西京 白味增 300g	☐
新庄 白味增 500g	☐
信州产 美味辣味增 300	☐

图表5　8种味噌（杯装）商品每100g中的盐分含量

盐分含量排序（升序）	商品名称	每100g的盐分含量
1	西京 白味增 300g	4.9g
2	新庄 白味增 500g	5.9g
3	ICHIBIKI 低盐红酱 天日盐 盐分 20cut	8.7g
4	信州产 美味辣味增 300	9.2g
5	MARUSANAI 味增匠人 美味奢华 750g 盐分 15cut	9.9g
6	竹屋 TAKEYA 味增 低盐 20cut	9.9g
7	山内总店 无添加　幻之味增	10.3g
8	MARUKOME 京怀石 650g	12.7g

基于各商品包装上的营养成分表

2014 年 5 月调查

即使乍一看盐分含量较高的信州产美味咸味噌，其每 1000g 的盐分含量也不过只有 9.2g，甚至比有减盐标记的商品盐含量还低。此外还有并列第 5 的两件商品——减盐标记虽分别为 15% cut、20% cut，但实际每 1000g 含盐量相同，均为 9.9g。

必须在同样的框架下进行比较——道理简单明了，但对于消费者来说，它是一件极其烦琐的事情。这一点也是不容置疑的事实。那么，究竟该如何建立一个简洁易懂的盐分比较体系呢？能做到这一点的非零售莫属了。

实际上，减盐型酱油也面临同样的课题。例如，YAMAMORI 的盐分 45% cut 的酱油与 KIKKOMAN 的盐分 40% cut 的酱油，虽 cut 的比例不同，但通过对各自的营养成分表进行对比发现，二者的盐分含量均为每 15mL（大匙 1 匙的量）1.4g。

做零售的我们，难道要将这样的比较全权委托给消费者吗？

图表 6 是将减盐型酱油的回头客购买情况与非减盐型酱油进行比较的结果。该调查旨在观察两种情况下的味噌购买情况是否有较大差异（2013 年上半年）。结果清晰地显示，减盐型酱油的回头客所购买的商品中，出现了许多减盐型味噌的身影。

结果看上去倒也显得理所当然。日本的高血压患者人数据说已经达到了 4000 万之多，甚至还有数据显示，每 2 个成人中就有 1 个已经患有高血压或者属于高血压高危人群。开始关注盐分的人群更是超出我们的想象而大量存在。诸如基本调味料这种人们每天都需要摄入的商品，其盐分标记自然也成为老年人不可忽略的关注对象。

之前在拜访 YAOKO 的东大和店时，我曾见到这样的一幕——味噌卖场几乎所有商品卡片上都清清楚楚地标记了每 100g 中的盐分含量——这让人颇感惊讶。

图表 6 时刻新鲜 圆大豆生抽 450ml 所有回头客的味噌购买情况

■ 减盐型酱油的回头客

		人数	总购买件数
	合计	1,339	4,119
1	减盐 750g	113	229
2	盐糀 200g	116	186
3	无添加减盐 300g	92	169
4	无添加 750g	69	155
5	无添加 减盐 300g	87	137
6	调合味噌 500g	54	107
7	500g	50	98
8	无添加 750g	68	97
9	减盐 1kg	56	95
10	白 500g	44	90
11	无添加 低盐 500g	55	90
12	液体味噌 430g	35	84
13	无添加 750g	64	83
14	有机减盐味噌 500g	58	83
15	无添加 白 750g	42	83
16	MOROKYU 130g	63	81
17	信州味噌 白 500g	42	79
18	京怀石 650g	41	75
19	无添加 750g	46	74
20	1kg	31	70
21	1kg	29	70
22	无添加 白 750g	45	70
23	红酱 500g	53	68
24	500g	39	67
25	500g	39	62
26	生糀 650g	34	61
27	无添加 低盐红酱 400g	35	59
28	无添加 750g	46	59
29	醋味噌 100g	42	58
30	大米曲种 750g	17	56
31	500g	37	52
32	无添加 750g	30	49
33	500g	25	49
34	液体味噌 430g	30	48
35	750g	25	46
36	无添加 750g	29	45
37	曲种 cup 500g	32	45
38	麦 1kg	20	41
39	无添加 500g	23	41
40	味噌 300g	19	41

■ 非减盐型酱油的回头客

		人数	总购买件数
	合计	1,370	4,022
1	750g	178	343
2	无添加 750g	76	158
3	无添加减盐 300g	63	153
4	生盐糀 200g	95	144
5	红酱 500g	71	124
6	500g	54	123
7	500g	56	122
8	盐曲种 180g	73	114
9	曲种 1kg	58	109
10	白 500g	46	102
11	无添加 750g	76	101
12	含蘸料 500g	60	96
13	无添加 750g	57	93
14	无添加白 750g	51	89
15	500g	51	81
16	1kg	34	79
17	MOROKYU 130g	61	72
18	500g	23	71
19	375g	41	70
20	1kg	42	69
21	无添加 750g	34	64
22	无添加白 750g	33	63
23	500g	38	62
24	430g	35	62
25	500g	40	59
26	100g	38	55
27	无添加 750g	43	51
28	生味噌 750g	23	48
29	无添加减盐 300g	30	47
30	生糀 650g	22	47
31	无添加 红 750g	33	46
32	无添加 750g	25	45
33	500g	34	43
34	醋味噌 100g	29	43
35	白味噌 500g	23	42
36	300g	25	37
37	曲种 500g	12	36
38	500g	22	35
39	300g	21	33
40	300g	22	32

（2013 年上半期）

那些以每杯为单位进行盐分含量标记的商品也全部换算成了每100g来进行标记。我认为这种标记方式比较理想。实际上，不仅是味噌，该店在酱油以及其他一部分商品的标记上同样也颇下了一番功夫。这种完全站在顾客立场进行标记的举措让人佩服。

当然，在YAOKO之外，其他零售诸如TAIRAYA、Life Corporation等也尝试了同样的标记方式。

只是，从简单易懂性以及重点商品聚焦的角度来说，还是YAOKO的标记方式略胜一筹，直击目标。

一般情况下，介意盐分的顾客在购买味噌时往往会经历两个选择的过程——其一是从众多商品中优先选出"减盐"类商品。其二则是从锁定的减盐商品中选出自己喜欢的。

这样一来，统一将每1000g中的盐分含量用大号字体标记在商品介绍卡片上，再将减盐类商品打造成独立的柜台进行销售才是卖场应有的姿态，同时才算是真正站在老年人立场的零售吧。

能够比较不同厂家商品的只有零售

"安心""安全""健康"——许多SM将这3个词奉为箴言。的确，对于生产厂家而言，在进行商品开发时，这3个词绝对是不可偏移的基本原则。因此，为了让自家的商品看上去更好、更有魅力，厂家同时还需在商品的宣传上花些功夫。

此时，关键的一点是"能够以公平的视角，对不同厂家的商品进行比较的只有零售"。只要是倡导"安心""安全""健康"的 SM，它们在选择常规陈列商品或者进行 PB 商品开发等时，应该会针对各式各样的商品进行比较检查。

届时，只要从"安心""安全""健康"的视角出发，思考应该最优先宣传什么，自然能发现其中要点。若真能这样，那么我在开头部分所记述的——买方与卖方的认识差——的事例或许也会有所减少吧。事实上，在宣传上，许多 SM 对老年人的关注及采取的应对措施也是远远不够的，我们应该认识到这其中的改善空间还是相当大的。

8.
"圈客"之难，难于上青天
不在同一家店购买烤鳗鱼串和惠方卷

"最近，那家店的味道大不如从前了啊"——你是否留意到，我们身边时常会出现这样的评价。评价的对象通常是那些以味道闻名的餐饮店。

然而，那家店味道变好了这样的反方向评价却几近于无。各家店铺在改善味道的道路上绝对都是各显神通、不遗余力，负面的评价却不绝于耳，由此可见，顾客评价有时候确实很严苛。

究竟是为什么呢？实际上，在 CS（顾客满意度）的领域里有一个常识性法则，即"顾客的满意度必然会下降"。

通过**图表 1**，我们应该能进一步理解上述法则。由图可见，顾客满意度只有在事前期待值被超越时才能得到满足，而这一次的满足程度又会成为下一次的期待值，以此类推，循环往复。

上一次被满足的程度会成为下一次的事前期待值，这就意味着每一次的满足度越高，下一次的期待值也就越高。循环往复之后，顾客满意度会达到一个相当高的水平，而要维持这份极高的顾客满意度需要非常多的努力。这么说来，身边尽是满意度下降的评价也在情理之中，并非让人不可思议。

图表 1　顾客满意度必然会下降的示意图

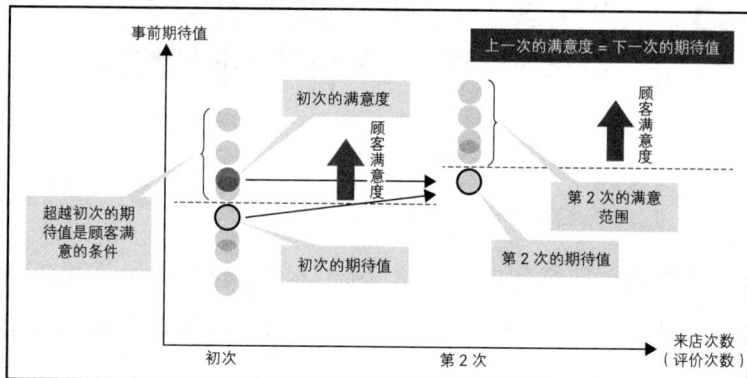

在当下的零售界，店铺不断增加、业态多样化发展趋势越发明显，越来越多的店铺陷入了商圈被局限、难以扩展的困境。在这样的大背景下，许多企业不得不把重心放到了既有顾客的维持，即所谓的"圈客"上了。

母亲节的康乃馨竟不在同一家店购买？

对于致力于"圈客"的企业而言，顾客满意正是其中一个重要的因素。然而，正如我在开头部分提到的餐饮店的例子一样，对零售来说，实际上要维持或者提高顾客满意度，也是困难重重。

在这里，我想首先通过顾客数据来明确零售界的"圈客"、顾客维护的实际情况，并思考它所代表的意义、效果以及目标等。

调查结果中出乎人意料的部分颇多，多到足以颠覆我们一直以来的认识。首先，我们来看下面这个事例。

以某家店为例，前一年母亲节在本店购买康乃馨的顾客中，今年同样也会在该店购买康乃馨的占比会有多少呢？

7成？6成？至少也有一半左右的顾客会跟前一年一样，今年也在这里购买吧？

实际上，我在目睹调查数据之前，也想当然地以为今年的购买者中包含了不少前一年的顾客。然而，结果完全与预想背道而驰，简直到了让人瞠目结舌的地步。

图表2所示的就是调查结果。仅有3%——可以说这是一个完全不曾料想到的水平（几家店铺的调查结果都显示了同样的水平，3%～5%，均只有1位数）。

为什么占比如此之低呢？康乃馨既然是送给妈妈的礼物，一般不会选与前一年完全一样的东西？若真是这样，不在前一年那家店购买的想法倒也比较自然。从维持前一年顾客的视角来看，由于康乃馨的购买场景特殊，维持其较其他商品更为困难，称得上是极其难以维持类的商品了。

那么，那些不会成为送礼对象的商品情况又如何呢？这里试列举几个生活岁时市场的例子。

图表3所展示的是节分时节吃的全卷寿司（惠方卷）的事例。其保持率①也就是"前一年的购买者在今年也购买的

---

① 保持率指的是当月顾客中，从上个月开始连续在该店有购买行为的顾客所占的比例。也称作"维持率"。有时也按年为单位，即与前一年进行对比。

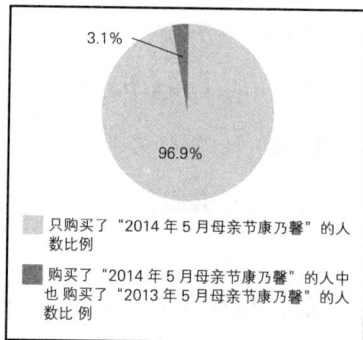

图表2　母亲节康乃馨的保持率

3.1%

96.9%

- 只购买了"2014年5月母亲节康乃馨"的人数比例
- 购买了"2014年5月母亲节康乃馨"的人中也购买了"2013年5月母亲节康乃馨"的人数比例

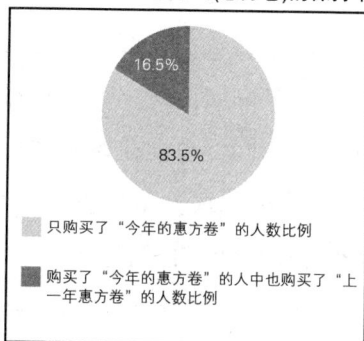

图表3　节分全卷寿司(惠方卷)的保持率

16.5%

83.5%

- 只购买了"今年的惠方卷"的人数比例
- 购买了"今年的惠方卷"的人中也购买了"上一年惠方卷"的人数比例

倾向"，确实如预想的一样，要比康乃馨高，但实际上也不到2成。这个结果尽管不似康乃馨那般，低得有些离谱，但也足以让人惊讶（其他几家店铺也显示了同样的结果）。

接着，请看**图表4**。该表所展示的是立秋前18天中的丑日时所食用的烤鳗鱼串的保持率。也只有16%。与惠方卷寿司水平相当。

图表5所展示的是母亲节时副食部门一款叫作母亲节美味菜单的商品的保持率。仅8.2%。与前一年相比，顾客的组成竟如此不同。

前一年买了，今年却不买。其理由何在呢？要正确把握其中的缘由只有一个方法——直接询问顾客。或是在其他店购买了，或是根本没有在任何店购买——可以确定的理由无外乎上述两点中的一点。

假设理由为前者，即在其他店购买了，那么作为卖方的我们尤其应该注意，提高警觉并想方设法防止此类现象再出

图表 4 立秋前 18 天中的丑日时所食
用的烤鳗鱼串的保持率

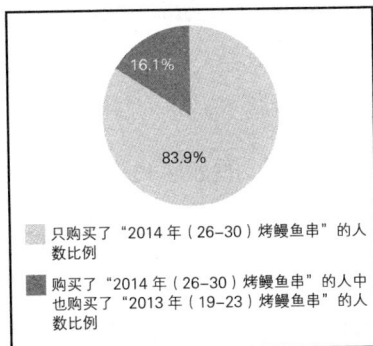

- 只购买了"2014 年（26-30）烤鳗鱼串"的人数比例
- 购买了"2014 年（26-30）烤鳗鱼串"的人中也购买了"2013 年（19-23）烤鳗鱼串"的人数比例

图表 5 母亲节美味菜单（副食）的
保持率

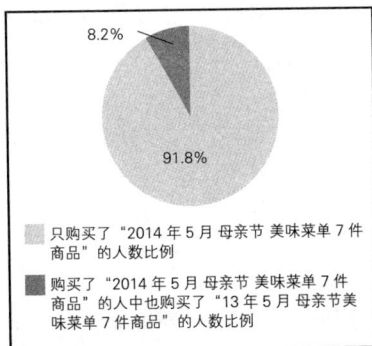

- 只购买了"2014 年 5 月 母亲节 美味菜单 7 件商品"的人数比例
- 购买了"2014 年 5 月 母亲节 美味菜单 7 件商品"的人中也购买了"13 年 5 月 母亲节美味菜单 7 件商品"的人数比例

现。这类商品虽不是要作为礼物送给别人，但毕竟一年只有一次使用机会，很少有人会特意买跟前一年同样的商品吧——虽然这只是推测。当然，如果前一年购买的商品无与伦比的美味，让人记忆深刻，那么自然有人会再来购买……

几乎一成不变的"圈客"

变化即新鲜。不断创造变化，才可以有效规避厌倦。无论做什么生意，变化都是极其必要且重要的。这一点毋庸置疑。

每年都保持着一成不变的商品、毫无新意的卖场，回头客根本无从谈起。保持率低，其实就是数据在告诉我们这样的道理。因此，透过生活岁时市场顾客保持率低的现象，我们应该能把握到其本质。

那么，店铺自身的顾客保持率（也称作维持率）现状又是怎样的呢？一些倡导 Frequent Shoppers Program（FSP＝圈住优质顾客）战略的人一直在不厌其烦地强调"圈住"顾客以及管理这部分顾客的保持率的重要性。

之所以重视圈客，是因为被"圈住"的顾客比例高低会直接反映在店铺的保持率上。店铺的保持率越高，则可以保证更加稳定的运营。

图表 6 的左图所展示的是某家连锁店的主力店铺 1 年间各月的保持率（与前一年相比）按照时间顺序排列的横向矩形图。期间，无论是消费税增加前夕需求颇多的 3 月、受增税影响的 4 月，还是中元节期间的 7 月，甚至是连圣诞节、岁末、年末接踵而来的 12 月，尽管市场重要影响因素发生了变化，图表所示的保持率却并未出现明显的波动。

图表6　各月的保持率（也称作维持率）（左图）和各月的前年比（右图）

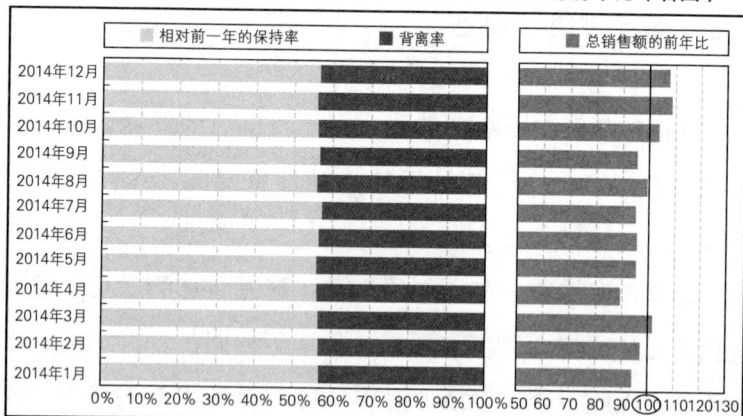

图表 6 的右图所展示的是各月销售额与前一年相比的差异。该图呈现出来的参差不齐与左图形成了鲜明的对比——左图的保持率始终稳定地保持在 56% 左右。

接下来，我们一起来看**图表 7**。该表展示的是各年龄层、各月的背离率。由图可见，年龄层越高，背离率越低。图表 6 的数据中各月的折线几乎全部重合，12 个月的数据几乎重叠成 1 条线的形状。

区分年龄层去看的结果也相同，背离率，也就是保持率几乎不见任何差异。

由此可见，圈客、保持率的提升并非易事。

顺便补充下，20～29 岁的年龄层与其他相比差异较大，这不过是因为这个年龄层的绝对顾客数量偏少，进而导致变化看上去较大。

高低保持率的店，孰优孰劣？

对于上面提到的几乎可以说是稳固如泰山的保持率，我们应该如何看待呢？一家店铺，作为新店开张，并经历一段时间后，其所在商圈内的各种影响因素，例如家庭数、年龄层构成、竞争状况、来店手段等便会逐渐地塑造出该店固有的购买模式。

而这种固有的购买模式，在其重要影响因素不发生显著变化的前提下，一般不会变动。正如图表 6、图表 7 所示，各

图表 7　各年龄层各月的背离率（%）

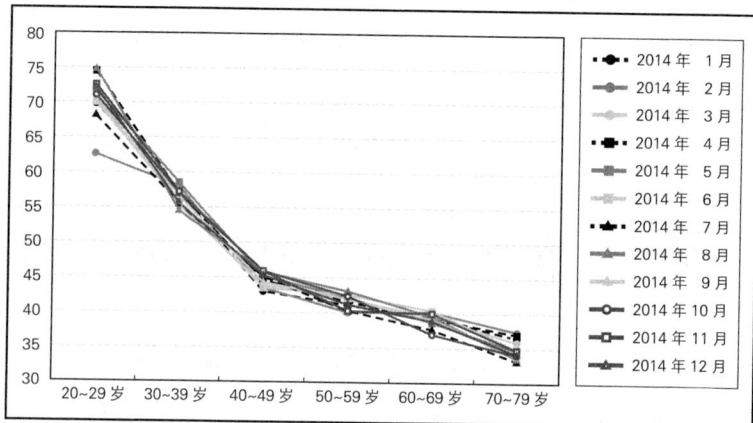

月的市场影响因素尽管有变化，但全年间的保持率却几乎没有大的波动。

　　换言之，保持率的提升，不如嘴上说的那般容易实现。那些已不可能再继续"圈客"，也就是所谓保持率高的店，它们的营业数据与保持率低的店相比，究竟有什么优势可言呢？

　　其优势在于"利润率较高""生鲜商品的销售额占比高"等方面。因为保持率一高，购买 TOP 的顾客甚至超过了俗称"摘樱桃的人"①。其结果，利润以及生鲜的购买频率也相应走高。

　　从这个观点出发，我还调查了各个项目与保持率的相关

————————

　　①　摘樱桃的人，即 cheery picker。日语中指专门瞄准商场、超市等打折信息，专为购买打折商品而光顾的以家庭主妇为中心的顾客。来源于英语中"喜欢摘甜的果实"的意思。

性，结果如**图表 8** 所示。前
面已经提到的项目自不用
说，我还将总销售额（与前
一年相比）、毛利润率，甚
至连平均移动率做了对比，
然而很难发现与保持率有相
关性的项目（各个项目几乎
都呈现出如**图表 9** 所示的
曲线）。

图表 8　与保持率的相关性

	有无相关性
总销售额/总毛利润	×
毛利润率	×
生鲜总销售额构成比	×
会员购买比率	×
购买单价	×
购买件数	×
每件的单价	×
总销售额的前年比	×
移动平均的增长率（最近 3 年间）	×
每人的购买金额（每个月）	○
每人的购买件数（每个月）	○
每人的来店次数（每个月）	◎

图表 9　与保持率的相关性

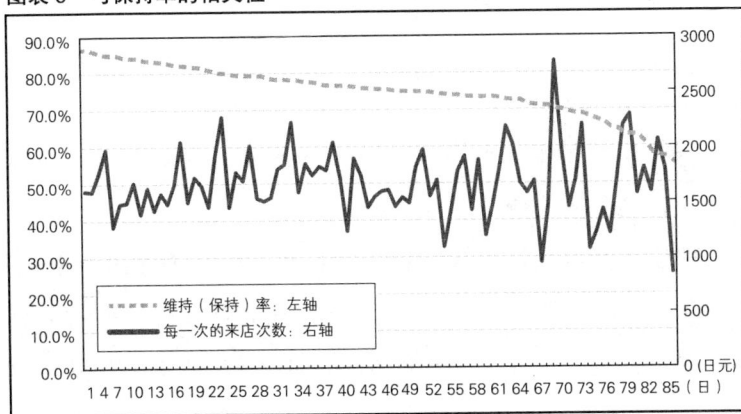

然而，在比较了每个月的数值之后，终于发现了如**图表
10** 所示的平缓的、显示相关性的曲线。那就是每个月的来店
次数（来店次数高，当然也会带来每个月的购买金额、购买
件数的增加。三者的结果均呈现如图表 10 所示曲线）。

来店次数多，实际上意味着回头客的数量多，那么它也

図表 10　与保持率的相关性

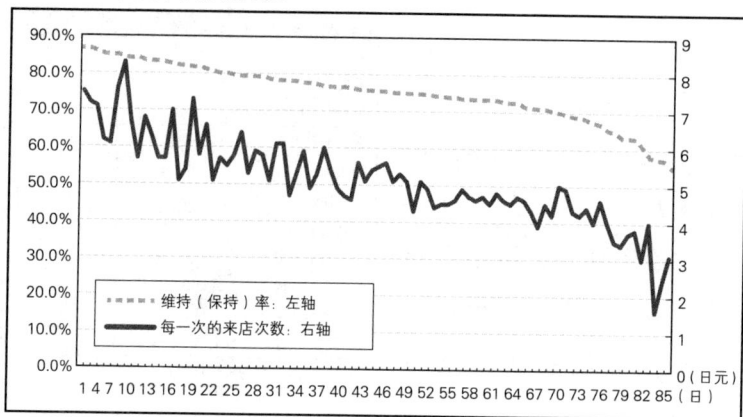

图表 10　与保持率的相关性

----- 维持（保持）率：左轴	
—— 每一次的来店次数：右轴	

（横轴）1 4 7 10 13 16 19 22 25 28 31 34 37 40 43 46 49 52 55 58 61 64 67 70 73 76 79 82 85（日）

（左轴）90.0% 80.0% 70.0% 60.0% 50.0% 40.0% 30.0% 20.0% 10.0% 0.0%

（右轴）9 8 7 6 5 4 3 2 1 0（日元）

会在保持率上得到反映和体现吧。不过，正如我在前面提到的那样，每个店铺的保持率应该早已被商圈内各式各样的影响要素决定并固化了。

　　因此，若非有意识地实施特别的措施，仅以保持率来横向比较各个店铺的做法是不可取的。

　　那么，反过来说，我们是否没必要去高度关注保持率呢？提高保持率的重要性自然不用怀疑。只是应该充分认识到保持率原本就是一个变动极小的指标，我们有必要在此基础之上去面对它。

强大的决心是面对保持率的必要条件

　　手头没有顾客数据，就没法看到购买的实态，因而只能通过简单的标记来表示——要是结果超过了前一年，那么姑且画个〇来评价吧。

　　不过，如果有条件看到顾客数据，那么至少应该认真了解一次它的内涵吧。前一年的购买者中 80% 都背离了的事实要是摆在眼前，应该也知道超过前一年无望，而高兴不起来了吧。

　　那么，店铺应该怎么办呢？**图表 11** 是将前面提到过的立秋前 18 天中的丑日的例子，通过另一家连锁店的事例进行深度挖掘得到的结果（保持率为 23.0%）。实际上，烤鳗鱼串这件商品只有 20% 的保持率，但在丑日期间（包含丑日在内的 5 天）来店，购买了烤鳗鱼串以外的食品的顾客竟超过了70%（保持率为 74.5%）。

图表 11　立秋前 18 天中的丑日烤鳗鱼串的购买情况

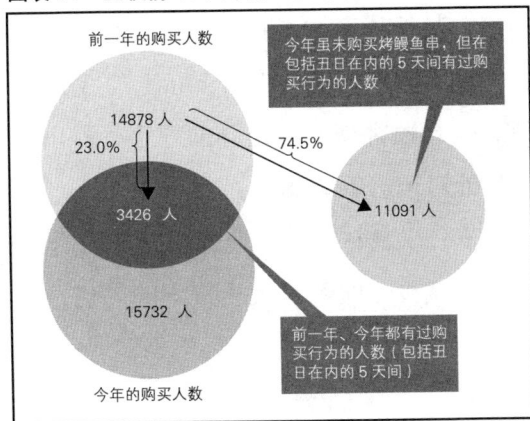

前一年的购买人数

今年虽未购买烤鳗鱼串，但在包括五日在内的 5 天间有过购买行为的人数

14878 人
23.0%

74.5%

3426 人

11091 人

15732 人

前一年、今年都有过购买行为的人数（包括丑日在内的 5 天间）

今年的购买人数

　　这样的话，如果我们从丑日的前 10 天左右开始在收银台派发丑日相关商品的传单，那么将至少有 70% 以上的前一年的购买者能够看到。若收银机本身具备在小票上打印折扣、

优惠信息的功能，则有可能事前做些对策，比如可以考虑在收银处，只针对前一年有过购买实绩的顾客发放某些特殊优惠券。

锁定前一年的购买者进行对策、更新商品品种、将与前一年的不同之处作为今年的宣传点，并明确地传达给顾客等都是提升保持率的有效办法。

若不能贯彻这些，保持率提升将困难重重。这也是我们从顾客数据中得出的事实。不过，我们也应看到另一方面——简单粗暴地说，即使在不采用任何措施，即放任不管的极端情况下，一定比例的新客来店也是可以预见的。因此，保持率只要稍有提高，提高的部分也会相应地带来销售额增长。

无论如何，对于从事 SM 的人而言，有一点必须清楚地认识到——"圈客"、提高保持率实际上与我在开头部分的例子中提到的提高顾客满意度是异曲同工、如出一辙的，其难度之大是其他对策远不能及的。

顺便提一下，米其林指南上记载的三星级店，从 2012 年开始一直持续在减少。即便是代表日本的名店，维持满意度也依然是个难题。

9. "忠实顾客"取决于店铺环境
与航空公司的差别在这里!

"撞上暗礁"——我们常用这个来表达形容事情发展不顺利，进退维谷。由于暗礁在英语里又叫作"dead rock"，很多人直接想当然地脱口而出"撞上 dead lock"。这大概可以算作一个典型的日本人 R、L 不分的例子了吧。这里的 lock 并不是岩石的 rock，而是锁的 lock。所表达的是锁锈了、迟钝了，没办法顺利打开的意思。

暗礁也好，dead lock 也罢，意思还是相近，因此就这样被误传开了。然而，零售界里的 royalty 一词，一旦将 R 和 L 弄混，其意思就会有天壤之别了。经销加盟店向本部支付的技术使用费等称作"royalty"，"loyalty"则表示忠诚，意思完全不一样。

FSP 的关键在于优质顾客和差别化

后者所代表的忠诚度营销是一种随着 FSP（Frequent Shoppers Program）的普及，逐渐在日本受到关注的顾客战略思路。只不过，与 FSP 一样，最近大家对这个词的关注度不像从前那样高了。

FSP 也可以说是一种旨在通过灵活运用顾客数据以实现更加关注顾客的经营目标的顾客战略，但不得不承认的是，由于它太过注重忠诚度的思路，反而逐步偏离了 SM 的顾客实态。接下来，我想通过使用实际的顾客数据，试着思考下忠诚度营销（也包括刚才提到的部分）的功过之处。

　　在 FSP 中，构成核心的便是那些被称为优质顾客的高购买金额的顾客。尽管在整个顾客的占比中很低，但优质顾客对购买金额贡献很大，占比可观。维持并试图扩大这部分顾客，可以有效确保稳定的销售额。相对地，对于那些购买金额很低的顾客，包括那群被称作"摘樱桃的人"① 在内，原则上不把他们作为特别措施的对象。也就是所谓的"差别化"，即区别对待。

　　这种思路的基础便是被称作忠诚度营销的理论。那些被列为优质顾客的顾客实际上也可以说是忠诚度很高的顾客。因此，忠诚度很高自然意味着对店铺的忠诚度也很高。事实是这样的吗？忠诚度营销发祥于酒店、航空公司等领域，这些领域的顾客使用实态原本便与 SM 大相径庭，不顾其中的差别直接将其思想照搬过来的做法，本就有些牵强，不是吗？

---

　　① "摘樱桃的人"指的是专门瞄准店铺的特卖品进行购买的顾客。由于该部分顾客的购买金额、毛利润金额均很低，对店铺的贡献度也极小。

优质顾客的忠诚度，真的很高吗？

请看**图表 1**。图表 1 所展示的是某家店的 2 名顾客在副菜部门购买寿司的件数统计。时间长度为 1 年，分月统计。实际上，这 2 名顾客虽然每月都购买寿司，但寿司以外的商品却一件都没有购买。

像这样只购买特定的某件商品，或者特定商品群的顾客其实有很多。图表 1 不过是其中一个例子罢了。除去那些很明显地是员工购买自家店的寿司做午餐的数据，随处可见的都是特意来店购买自己喜欢的某款寿司的顾客。至少可以确定顾客 AB 是本店的忠实粉丝无疑。

图表 1　各月寿司购买件数（个）

| | 2014 年 | | | | | | | | | | 2015 年 | | 合计 |
	3 月	4 月	5 月	6 月	7 月	8 月	9 月	10 月	11 月	12 月	1 月	2 月	
顾客 A	26	20	24	18	19	24	23	20	23	22	16	17	252
顾客 B	3	10	7	9	13	8	7	4	9	10	8	5	93

接下来，再看下**图表 2**。图表 2 所比较的是购买特点商品（群）的顾客 C 和单月购买金额极高的顾客 D。通过比较，大量信息得以浮出水面。

对店铺的 loyalty（忠诚度）高实际上等同于店铺的粉丝。这样一来，图表 2 中的顾客 D 岂不是离粉丝还差得很远？因为这样的"优质顾客"其实内心并不认可这家店，只是因为离家近，才频繁光顾。一旦他们发现新的竞争店铺进入，极有可能立刻流向新店。顾客 C 则很有可能是出于对店铺的寿

顾客 C	顾客 D
因为喜欢副食卖场的寿司商品，所以每周会购买一两次左右。但不会购买其他商品	尽管有很多不满，但因为离家近，比较便利，所以利用频率非常高

附近出现了比较有吸引力的竞争店

继续购买寿司的可能性较大	背离的可能性较大

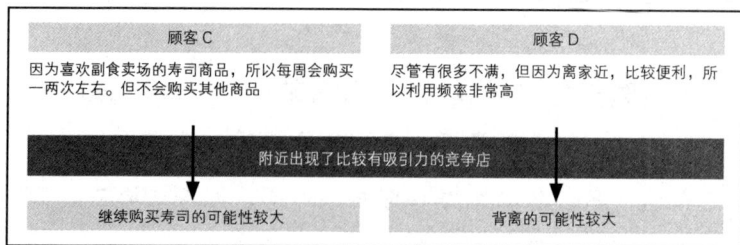

司的认可而来店。D 和 C，谁才是店铺真正意义上的"优质顾客"？换言之，谁才算得上"忠诚"呢？

实际上，宾馆、航空公司的优质顾客与 SM 的优质顾客有一个截然不同的地方。那就是，前者是在众多选择中不受任何制约、可完全按照顾客自己的意愿选择公司或者酒店，而后者在许多时候并不具备这样的自由。

便捷的来店手段，是孕育优质顾客的土壤

通过对那些经常光顾特定 SM 的顾客进行调查问卷发现，离家近是所列举的理由中最主要的一个。无论多喜欢一家店，一旦距离太远，频繁光顾也是不方便的。因此，我们可以预想到这样一个事实——顾客能够选择的店铺，实际上是由家到店铺的便捷程度这个因素决定的，顾客一般只能从来店便捷的店铺中做选择。

那家店的收银员态度很差也好，顾客对店里的商品心怀不满也罢，最终还是会因便捷性而长期光顾。也就是说，在

选择时会优先考虑家到店铺的便捷性。其结果自然就是高购买金额。说得极端一点，顾客有可能在并不情愿的情况下不得已继续光顾。当然，我并不否定有真正意义上的粉丝存在，但他们在 SM 里应该还属于少数派。

为了尽可能多地增加这样一批真正的粉丝而灵活运用顾客数据，这才是 FSP 初衷。诸如图表 2 中出现的顾客 C 的例子，其他还有很多。

不论购买金额多少，先将带有相同购买倾向、购买特性的顾客进行分组，并从中发掘出共通的改善点、需求是极其重要的。因为这些措施可以有效消除顾客的不满，进而提高 CS（顾客满意度）。

这并不是在否定优质顾客这种分组。我想强调的是，它应该作为各式各样分组中的一种，而不是唯一的一种存在。优质顾客作为购买金额极高的一个群组，当然有必要采取适当的对策，其中忠诚度的思路也是不可或缺的。

对家庭主妇而言，她们的日常购物（主要以购买每天的生活、饮食的必需品为目的）究竟可以算作什么样的行为呢？也就是说，她们是如何定位日常的购物行为呢？快乐的，想继续保持的，或者是尽可能想避免的？

要是自己喜欢的杂货店或者是法式店，比起让人代劳，当然愿意自己亲自过去。但日常购物的话，如果有人愿意帮忙，应该会有不少人宁愿偷懒吧。总之，日常的购物，说白了就是与洗衣服、打扫房间一样，是家务中的一部分而已。

作为家务的组成部分的购物，与其他家务一样，被镶嵌进了生活的模式中，逐渐地被习惯了。就像每天都在固定的时间洗衣服、打扫卫生一样。而 FSP 把忠诚度的思路直接运用到了这样的购物行为上，或许这也是 FSP 优质顾客的思路偏离实际、被束之高阁的原因吧。

来店频率高的顾客撑起了销售额吗?

我们已经知道每个店铺都有自己固定的顾客保持率，且

图表 3-1　不同顾客在不同时间段的购买情况

	合计	0点~	1点~	5点~	6点~	7点~	8点~	9点~	10点~	11点~	12点~	13点~	14点~	15点~	16点~	17点~	18点~	19点~	20点~	21点~	22点~	23点~
													2014 年 3 月									
顾客 E	253							52	174	27												
顾客 F	252													18	8			95	131			
顾客 G	127							1	1										24	69	32	
顾客 H	126				126																	
顾客 I	108									11		40				11	46					
顾客 J	106																			53	53	
顾客 K	100							13	12	8		13		24	13		17					
顾客 L	100								11	28	36	15	8	2								
顾客 M	99							9	90													
顾客 N	89																		89			
顾客 O	87							9	7	22	13	14		17	2	3						
顾客 P	83													6	12			28	26	11		
顾客 Q	75							11		39		25										
顾客 R	75					36	39															
顾客 S	75									62			13									
顾客 T	74										14	38	15	4	3							
顾客 U	74						5	6	11	1	14	20		12	5							
顾客 V	74															6	68					
顾客 W	73																			14	59	
顾客 X	71						39				14	18										
顾客 Y	68												9					28	31			
顾客 Z	66										9	14	5	15	3	20						
顾客 A A	65																	46	19			
顾客 A B	64					56	8															
顾客 A C	64					17		33	14													
顾客 A D	63				6	27	4			10	10	6										
顾客 A E	63					10				6	6		2		4	28		7				

保持率的变化极小。事实上，优质顾客的比例也是一样的。因为保持率与来店频率其实是同一个概念，只是视角不同而已。而每一种来店频率下的顾客比例又都会反映在优质顾客的比例上。

图表 3-2　不同顾客在不同时间段的购买情况

		2014 年 4 月														
顾客 E	197					52	145									
顾客 F	214												37	177		
顾客 G	140											5		44	39	52
顾客 H	124			124												
顾客 I	35							10	15		10					
顾客 J	170							36						14		120
顾客 K	78					13		13	13	13		26				
顾客 L	82				10	22	23	27								
顾客 M	97					16	77	4								
顾客 N	27														27	
顾客 O																
顾客 P	90										33	29	28			
顾客 Q	99				62	17				20						
顾客 R	14				14											
顾客 S	60						12	16		32						
顾客 T	102							18	15	52	17					
顾客 U	73				10	14	7		11	23		8				
顾客 V	71										4	56	8	3		
顾客 W	59														38	21
顾客 X	40				30						10					
顾客 Y	54						8				6	4	22	10	4	
顾客 Z																
顾客 A A	45												18	14	13	
顾客 A B	46				23	6		8	7	2						
顾客 A C	27				4	23										
顾客 A D	53			11	20					22						
顾客 A E	42						2				6	9	19		6	

图表 3-1 和**图表 3-2** 比较的是某家店在不同顾客、不同时间段下，3 月和 4 月的购买情况。由图可知，两个月的数据多少有些偏差，但几乎都集中在相同的时间段。

这个数据不正是前面提到的日常购物行为被镶嵌进家庭主妇的生活模式的实际体现吗？

对于周一到周五需要从早到晚打临工的主妇们来说，即使收到了极具诱惑力的早市的传单，也只能在结束打工的回家途中光顾店铺。每天早上需要送孩子去幼儿园的主妇们则已经习惯了每天送完孩子之后，在店铺刚刚开门的时间顺便去购物。

人们根据各自的生活模式已经形成了固定光顾店铺的日子、时间段。显然，要去颠覆这种固有的模式并非易事。图表中所呈现出的几乎无任何变化的趋势，正说明了这样一群人在各个店铺所占的比例几乎是固定的。

图表 4 是将以上内容进行展示的结果。为了便于理解，该处只用了 10 名顾客来表示，实际上人数越多（几百几千人规模），其数值会越稳定、更趋近于固定。

图表 4　维持不变的保持率（各月）示意图

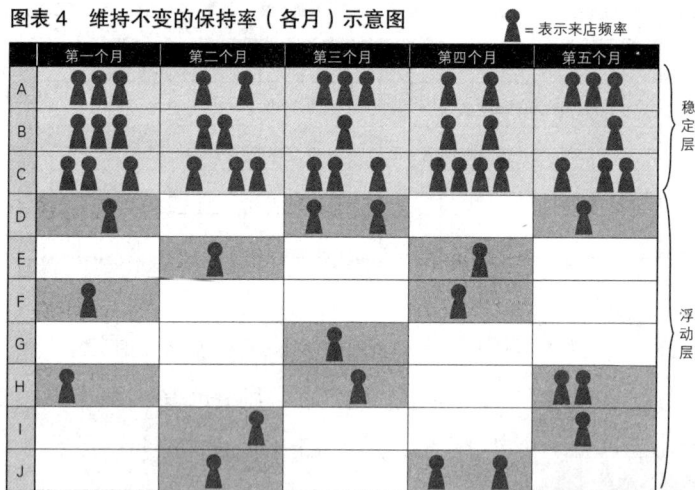

保持率 = 当月继续购买人数 ÷ 上个月所有购买人数 × 100%
第二个月的保持率 = ABC 的 3 人 ÷ ABCDEH 的 6 人 × 100%=50%
第三个月的保持率 = ABC 的 3 人 ÷ ABCEIJ 的 6 人 × 100%=50%
第四个月的保持率 = ABC 的 3 人 ÷ ABCDEH 的 6 人 × 100%=50%
第五个月的保持率 = ABC 的 3 人 ÷ ABCEFJ 的 6 人 × 100%=50%

字母下方画横线的为浮动层，其与稳定层的比例几乎保持在一定的水平，保持率并无变化由于顾客的生活模式已经固化，其来店频率也趋近固定。主要考虑来店的便利性而选择店铺的群组即为图表中的ABC，为稳定层。D以后的浮动层，应该也包括那些虽然并不住在附近，但因工作或者其他定期要做的事情而来到店铺周边的顾客。同稳定层一样，这些人群由于各自的生活模式相对固定，其所占比例也接近稳定。

我们当然可以把ABC看作优质顾客（loyal），但这个结果至多只能说明这些人的生活模式与店铺的位置比较匹配。大多数人的动机不过仅此而已——我们作为卖方，应该要充分认识到这个前提。对店铺满意的顾客并非就是优质顾客。

稳定层与浮动层的比例会在店铺新开张之后的几个月内逐渐趋于固定，并作为一个接近稳定的影响要素确定下来。保持率的变化之所以极其微小，关键原因就在这里。

维持现状是原则，变化是在敲警钟

图表5所总结的是决定稳定层和浮动层占比的主要因素。市场环境、来店手段、竞争配置3点，有必要将这些地域性因素纳入。市场环境包含的要素很多，商圈内的人口、家庭数自不必说，独户住宅的比例、专业家庭主妇率、白天的人口等也在其中。来店手段即便捷性，我们有必要从距离和时间两个维度来把握。竞争配置则是指所属行业以及其规模。

正是以上这些影响因素决定了主妇的购物模式。影响因

图表5　决定来店频率（次数）的主要因素

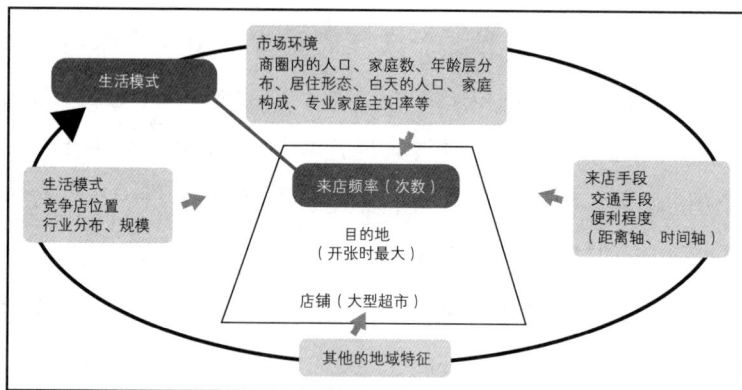

素一旦发生变化，购物模式也会随之变化。反之，只要影响因素不变，其购物模式也会保持稳定不变。

图表 6-1、6-2 所表示的是某家零售连锁店位于郊区的店铺 A 与位于商业聚集地的店铺 B 一年间，各种来店频率（以月为单位）的顾客比例。

先来看看店铺 A。该店每月来店的顾客比例为 24.7%，占到了整体来店频率的 70% 以上。再来看看店铺 B，每月都来店的顾客却不到 10%，在整体来店频率中也只占了约一半。

反过来说，若将这些每月来店的顾客除去，并将剩余的都看作浮动层的话，那么店铺 B 则有将近 50% 的浮动层。两店的差异，主要由图表 5 所示的几个要素导致，应按照各店铺的实际情况采取对策以图改善。但应该注意的是，切不可盲目地以扩大稳定层的比例为目标来追求改善。

之所以这么说，是因为只要图表 5 所示的影响因素未发

112

图表 6-1 郊区店铺 A 的来店（购买）频率（以月为单位）

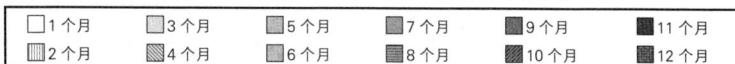

□ 1 个月	▨ 3 个月	▨ 5 个月	▨ 7 个月	▨ 9 个月	■ 11 个月
▥ 2 个月	▨ 4 个月	▨ 6 个月	▨ 8 个月	▨ 10 个月	■ 12 个月

不同来店（购买）次数（频率）下的购买会员数　　　不同来店（购买）次数（频率）下的总的来店次数

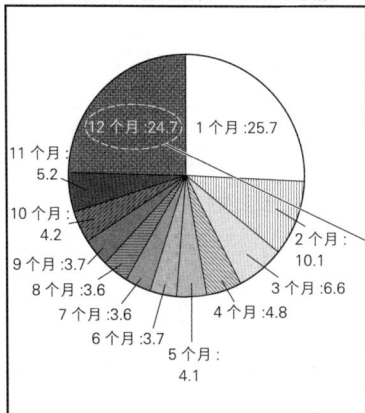

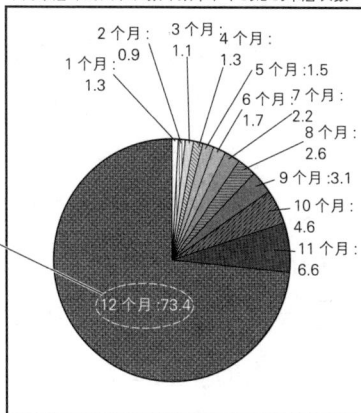

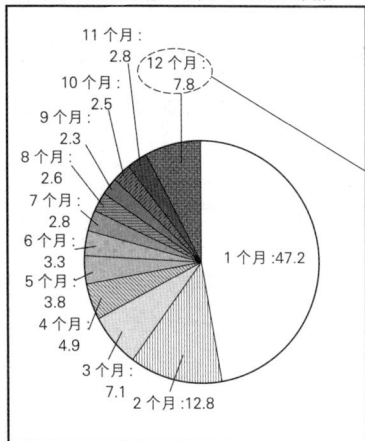

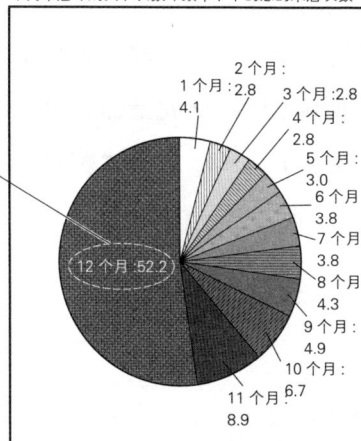

图表 6-2 商业聚集地店铺 B 的来店（购买）频率（以月为单位）

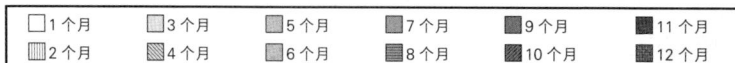

□ 1 个月	▨ 3 个月	▨ 5 个月	▨ 7 个月	▨ 9 个月	■ 11 个月
▥ 2 个月	▨ 4 个月	▨ 6 个月	▨ 8 个月	▨ 10 个月	■ 12 个月

不同来店（购买）次数（频率）下的购买会员数　　　不同来店（购买）次数（频率）下的总的来店次数

生变化，我们都应该将维持现状看作其"应有的结果"。正如我在前面所说，顾客保持率并不会因展销、特卖或促销等活动而轻易改变。

因此，准确把握优质顾客、末位顾客所占比例，并定期检查可以发挥警钟作用，一旦发现变化应提高警惕。若图表5中所示的影响因素并未变化，而顾客所占比例却向消极方向发展，那么这就是在向我们敲警钟——警示我们要彻查其中的原因。

若是竞争店（或自家店铺）并没有出现改造、营业时间变更、业态的变更等明确的变化，却发生了不明理由的顾客流失，事态则更加严重，也需要更加细致、彻底的调查。

此外还有一种更加精准地发挥警钟作用的指标，那就是"购买率"。

购买率与保持率一样，变化极小，它不仅是一个警钟，还是一个能以商品群为单位对竞争的影响或者改造的评价进行准确把握的重要指标。我在此建议那些手握顾客数据的零售体，不妨灵活运用"购买率"。

10. 新商品与"回头客"
年轻人中尝试购买者居多，老年人中反复购买者居多

说起来已经是三十多年前的事了。有人曾对我说，久穿不坏的袜子，若真想做，技术上并不是问题，问题是卖家并不愿意这么做。

说这话的是经济学家马场克三先生。且先不论其真假，在 CS（顾客满意度）还不似今天这般热闹的时代，或许还真是这么个道理。

确实，有哪家公司愿意投入大量精力去开发一件自断销路的商品呢？然而，反观现今各大公司为满足老年人需求所进行的各种尝试性措施，你就会发现——有时候，明知有的措施会给企业带来消极影响，却不得不铤而走险，一试方休。

MIZKAN 的"简易醋"就是这样一个例子。我们来看一下。

"简易醋"这件商品对于生产厂家而言存在一个不利因素。从中我们直接可以预见顾客的购买频率会下降。关于这一点我稍后会进行介绍。本节，主要想以"随便滴的简易

醋"为例，从厂家的视角，介绍下顾客的购买数据，进行新商品评价的分析手法。

即使以牺牲购买频率为代价也应该开发的商品

在醋的卖场，我看到了一个略显特别的容器。那就是MIZKAN 的"随便滴的简易醋"。

这件商品在开发时，导入了一项醋类商品从未有过的、全新的构想——它兼顾了以餐桌使用为前提的小容量尺寸和滴出型（醋可一滴一滴流出）容器设置。

已发售的"简易醋"十分注重风味，而新构想的醋，则在其基础上进一步追求使用的便捷性，是一件可随意用于各种场合的全新商品。

若它只是将容量进一步减少，那不过是顺应了食品整体行业中一个大的趋势而已，并不值得大书特书。

商品容量变小可带来购买频率上升，所以不用担心其对销售额产生不利影响。事实上，不仅是生产厂家，对零售而言，购买频率增加都是应该欢迎的现象。然而，每次使用时只能消耗少量的商品与普通容器的商品相比，其使用周期会变长，最终也会导致购买频率下降。

因此，有的厂家在商品开发时"脚踏两只船"的行为也就不足为奇了。实际上，已经发售的简易醋，通过**图表 1** 的移动平均①我们可以看出，它在代表 MIZKAN 的几款醋的商品（尤其是以销售量大的主力商品为比较对象，即 9 款基本商品）中，增长率极高。从这个结果来看，似乎没必要以牺牲购买频率为代价另外开发一件全新商品。

图表 1　MIZKAN（9 款基本商品）各单品的移动平均

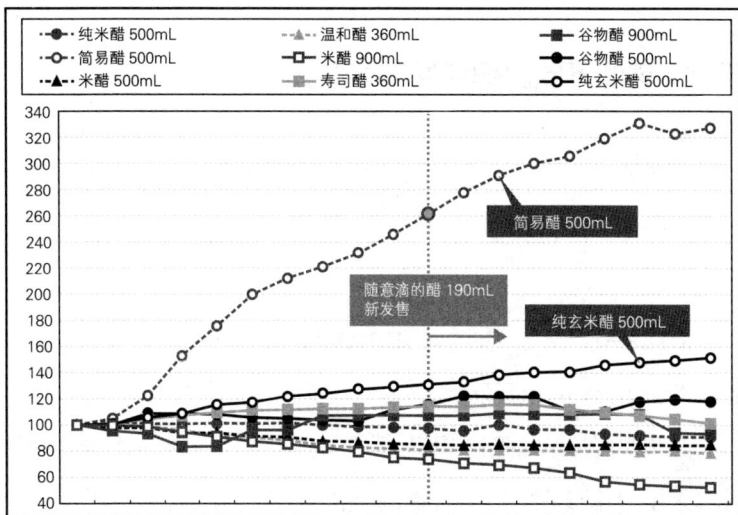

- ●─ 纯米醋 500mL
- ○─ 简易醋 500mL
- ▲─ 米醋 500mL
- ▲─ 温和醋 360mL
- □─ 米醋 900mL
- ■─ 寿司醋 360mL
- ■─ 谷物醋 900mL
- ◆─ 谷物醋 500mL
- ○─ 纯玄米醋 500mL

简易醋 500mL

随意滴的醋 190mL 新发售

纯玄米醋 500mL

将 2012 年 4 月～2013 年 3 月视作 100 的移动平均到 2014 年 9 月为止的按月推移图

在似乎没有必要的情况下，却切实进行了全新商品开发，其背景在于，小容量、适量且不浪费等需求完全契合了健康、环保、老年人等时下饮食的几个关键词。新商品若具备了以

———————————

①　移动平均指的是根据时间序列，将一定期间（图表 1 则以一年 12 个月为一定期间）的平均值逐项推移（例如图表 1 中 2011 年 9 月～2012 年 8 月平均→2011 年 10 月～2012 年 9 月平均这样，逐月推移）以进行预测的手法。以图表呈现后，若出现直线上升，则表示扩大趋势，反之，则判断为缩小趋势。

上特点，必然会受到广大消费者的支持，即便是购买频率较低的商品，也能吸纳新的购买层，从而扩大市场份额。他们是否因为看到了这一点才坚持开发新商品的呢？

这个推测是否正确呢？这一点很可能成为新商品评价时的关键部分，所以接下来我先用数据来对这一块进行验证吧。

同一厂家的不同品牌切换并无意义

生产厂家要投入新商品开发，其目的无外乎两点——或者是为了开拓新的购买层，或者是为了从竞争商品那里夺取市场份额，分得一杯羹。

MIZKAN 新发售 "KAKERU KANTAN" 的目的为前者，即开拓新的购买层，它是在已经发售的 "简易醋" 的基础上开发的商品。在这里我想要明确的是，新商品导入后，从原来的 "简易醋" 流向新商品的顾客究竟有多少呢？

于是，我调查了新商品购买者（发售后 6 个月内）中，在其发售前 6 个月间曾购买过已经发售的 "简易醋" 的人数所占的比例。如**图表 2** 所示。

在 9762 名购买过 "简易醋" 的顾客中，转而买了新商品 "随意滴的醋" 的人数不过 249 名，仅占了 2.5%。

结果与之前预料的二三成的数字相比，落差较大，不免让人意外。上述的 249 名顾客在 4196 名购买了新商品的顾客中所占的比例也是极低的，不过 6% 而已。

图表 2　已发售商品与新商品的
重复购买情况

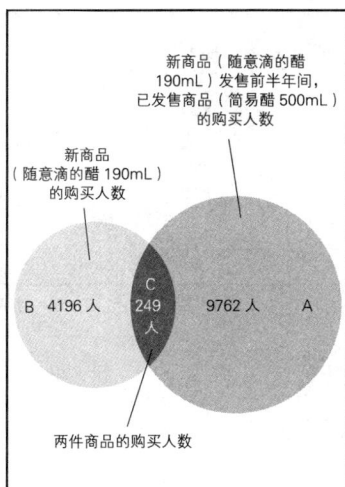

图表 3　已发售商品购买者中也购买了
新商品的顾客的各年龄层占比

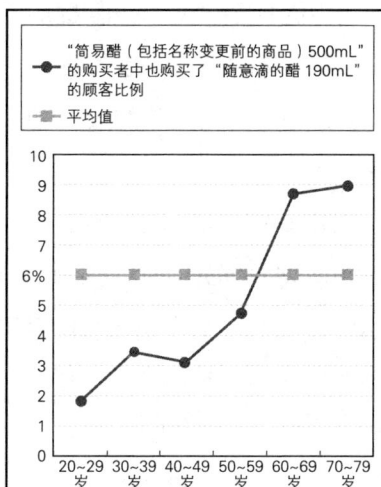

图表 3 则是将这 6% 的顾客按照年龄层区分之后的结果。不出所料，小容量的容器果然颇受高龄层的欢迎。由图可见，越是高龄层，其购买新商品的比例确实越高，但都没有达到 10%。

我们再回过头去确认下前面提到的图表 1。如图所示，在竖向虚线右侧的部分，即新商品发售以后，折线直线上升的趋势并未发生任何变化。

由此图表我们也可以得出这样的结论——同一款简易醋商品中，原有商品和新商品之间并未发生品牌切换。但新商品的投入，开拓了新的购买层，这一部分新顾客的增加让 MIZKAN 这块大饼变得更大。

这么看来，倒也可以给新商品评价打个"○"，但我们有必要再看看有没有来自简易醋之外的、其他醋的尝试购买者。

图表 4 的饼状图所展示的是新商品（KAKERU KAN-TAN）发售前，购买过前面

图表 4　购买过 8 种基本商品且同时购买了新商品的顾客比例

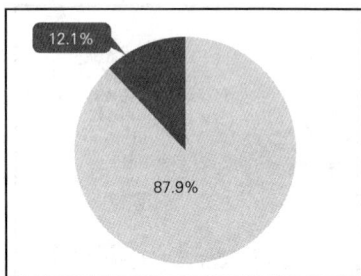

提到的醋的基本商品（除简易醋以外的 8 件商品）并在发售后转而购买新商品的人数在整体新商品购买人数中所占的比例，只有一成（12.1%）左右。

考虑到这只是一家公司的数据，其他家的情况并未同时把握到，我们应该慎重看待这个结果，但它至少向我们暗示了要进一步开拓顾客层，仅凭这一点是远远不够的，我们还需要新的方向。

尝试购买者与反复购买者的年龄层差

接下来，我试着比较了尽管购买了新商品却仅止于尝鲜的尝试性购买顾客，与持续购买的顾客（回头客①），以调查二者在分布的年龄层上是否有差异。

调查结果如**图表** 5 所示。其中上图为"KAKERU KAN-

---

① 这里的"回头客"指的是在对象期间内，至少购买 2 次以上的重复购买者。

120

TAN"的数据，回头客中 60 岁以上的年龄层，超过了 6 成。与之相对，尝试性购买者中，60 岁以下的年龄层却占了将近6 成。

图表 5　回头客、尝试购买者①（各年龄层占比的比较）

购买者的各年龄层占比（新发售：随意滴的醋 190ml）

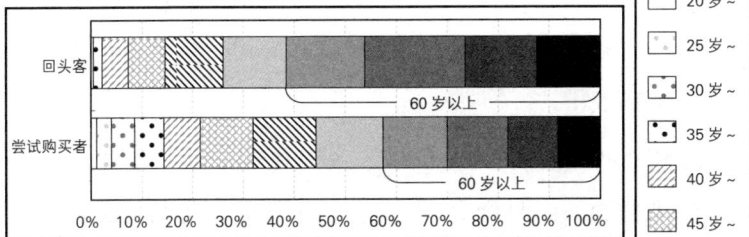

购买者的各年龄层占比（包括已发售简易醋、旧商品在内）

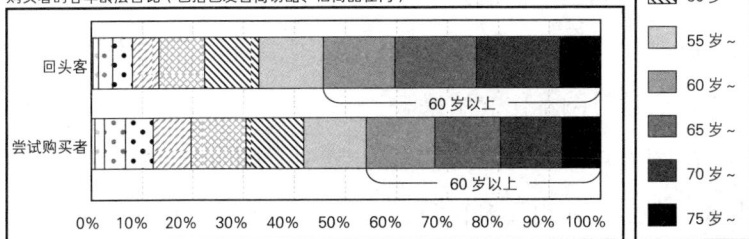

下图为简易醋的数据。该数据也呈现几乎相同的倾向，但不如上图明显。由此可见，尝试性购买者的年龄层中，年轻人较多，而反复购买的年龄层中高龄者居多。那么，数据显示出来的这一事实究竟意味着什么呢？

一方面我们可以认为，比起相对保守的老年人层，年轻人更容易尝试新事物，即对新事物的接受度更高。另一方面，由于年轻人中，根据传单去寻找附近各种便宜的店进行多店购物的倾向较重，作为同一家零售连锁店的回头客，或许很难体现在数据上吧。

若在以上推测原因之外还存在其他原因，则不妨通过分析将其明确并采取相应的措施。这样一来便有可能将年轻人中的尝试购买者转变成更高频率购买者，即回头客。

若我们能够在零售方的协助下精准地把握那些止于尝试购买者的、老年人层①之外的年龄层的心声，那么商品应该会得到进一步改善。

上述这种尝试购买者和回头客中存在的年龄层差异，在其他商品群的新商品中是否也能见到相同倾向呢？**图表 6** 是将从 4 大啤酒生产商的发泡酒中选取朝日啤酒的朝日 SUPER ZERO 和三得利啤酒的美味 ZERO 两件商品，按照图表 5 相同的方式进行图示化的结果。

由图可知，该商品的结果与醋的例子相比，相去甚远。2 件商品中，尝试购买者和回头客的差异极小，且 50～59 岁的顾客所占比例最高这一点也是共通的。尤其值得一提的是，美味 ZERO 占的比例竟有 36%，接近 4 成之高。

此外，两件商品中 60 岁以下的年龄层所占的比例均超过了 7 成，其结果也意味着老年人层的支持率很低，其占比竟不到 3 成。

与醋的例子不同，这些发泡酒中的新商品所呈现的是 4 大生产商直接相互争夺市场份额的样态。图表 6 所记载的是

---

① 这里指的是 60 岁以上的老年人。

图表 6　回头客、尝试购买者②（各年龄层占比的比较）

购买者各年龄层的占比（SUPER ZERO 350mL）

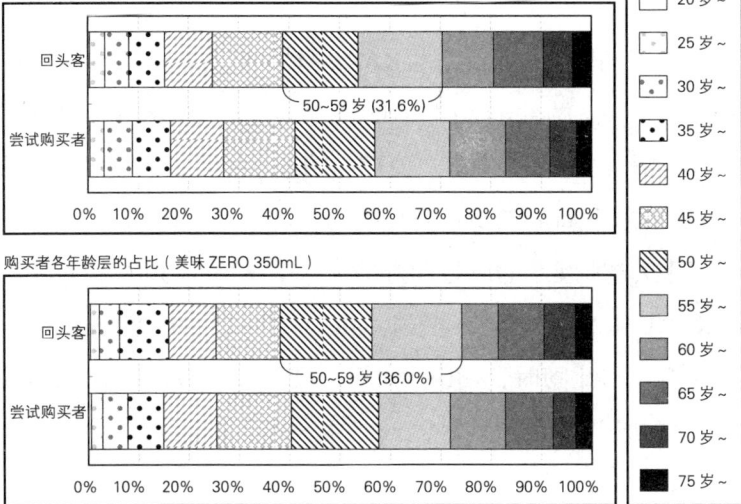

回头客

尝试购买者

50~59 岁 (31.6%)

0%　10%　20%　30%　40%　50%　60%　70%　80%　90%　100%

购买者各年龄层的占比（美味 ZERO 350mL）

回头客

尝试购买者

50~59 岁 (36.0%)

0%　10%　20%　30%　40%　50%　60%　70%　80%　90%　100%

	20 岁 ~
	25 岁 ~
	30 岁 ~
	35 岁 ~
	40 岁 ~
	45 岁 ~
	50 岁 ~
	55 岁 ~
	60 岁 ~
	65 岁 ~
	70 岁 ~
	75 岁 ~

其中两家的新商品情况。实际上，剩余两家的新商品中也可以看到同样的倾向。由此可推测，正是因为 4 大厂家同时打出了嘌呤碱、糖类为零的商品概念，从而抓住了相同年龄层的顾客。

通过将本结果与开发时的目标设定做对照分析，我们便可以对该商品进行评价。对于这类意识到消费者健康需求的商品，通常来说，老年人层的支持率会很高，但它们的比例在下降——如果我们事先预料到了这一点，并在此基础上进行开发，那么评价时就能拿个 "○" 了吧。

零售、厂家都应具备的"对商品的心意"

最后，我想再来看下"KAKERU OIGAZUO"与"AJI-PON"——这两件商品秉承的商品概念与 KAKERU KAN-TANZU 相同——的例子。使用与图表 2、图表 4 相同的手法对购买其原型商品以及新商品的比例进行了调查。

图表 7 所展示的就是调查结果。KAKERU OIGAZUO 与 KAKERU KANTANZU 相同，重复购买者的比例很低，仅 5% 左右。与此同时，AJIPON 却达到了 17.3%——在包括前面提到的共计 3 件新型容器商品中，该件商品的重复购买者比例最高。

图表 7　与已发售商品的关联性

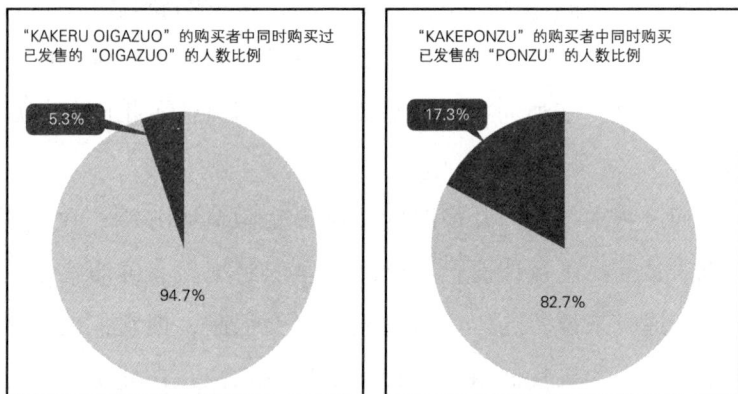

"KAKERU OIGAZUO" 的购买者中同时购买过已发售的 "OIGAZUO" 的人数比例

5.3%

94.7%

"KAKEPONZU" 的购买者中同时购买已发售的 "PONZU" 的人数比例

17.3%

82.7%

像 AJIPON 这样的柑橘汁，其使用场景原本就多于醋、汤汁，重复购买者的比例更高也在意料之中。这个结果似乎也证明了我的猜测。

然而，考虑到重复购买者的比例还未曾达到 2 成，也就意味着新购买层实际上仍占据压倒性的比例。这么一来，3件商品的评价似乎都可以给个"〇"，各位觉得如何呢？

价格下降之后，为了保证销售额，诸如以下这类以卖方利益优先的措施便很容易被采用——将销售单位变大，也就是所谓的捆绑销售；或者按照适当的价格决定商品的规格（容量等），不做不必要的小分量销售以尽量避免单价的下降等。

而我这次所选取的 MIZKAN 的滴出型容器的 3 件商品可以说是脱离了上述这种完全优先卖方的思路，纯粹以用户的视角出发的商品。

由此可见，即使支持率稳定、销售额长时间平稳上升的商品，大胆地对其进行革新——即开发出更小容量，甚至更少流出量的商品的态度和尝试，对企业来说，也是十分值得欢迎的。

当然，作为卖方，我们不能只是把这样的商品摆在货架上，还应该在卖场对其新的功能、迄今为止不曾有过的功能进行充分的宣传，并考虑在生鲜卖场进行关联销售等，需在宣传上费些心思以把新商品的特征充分地传达给顾客。因零售方的怠慢而导致商品沉睡于卖场的事情是绝不允许发生的，厂家在洽谈时也应该尽可能将这样的"心意"传达到位。

对顾客有利的事情，大多数对于厂家、零售来说都是不利的。不想费心思解决这样的矛盾却期待获得大量的顾客支持，天底下怕是没有这样的美事，所以经营才会那么难吧。

绞尽脑汁并独出心裁地改善备货、价格、服务等，不断去发现对于顾客最有利的视角，这其中体现的便是企业的努力。

最接近顾客的零售现场，事实上充满了各式各样的启发、线索，这一点是从事零售业的人需要切记的。

所以我们应该认识到，数据就是发现这些启发、线索的指路标。零售，不能一味地接受、听从厂家的卖场建设、销售手法等提案，而应该更加积极地发挥主体作用，及时向厂家提供有价值的信息。

同时，厂家应该认真对待顾客需求，以顾客的视角来进行商品开发。将零售独有的信息更加有效地运用到商品的调整上——这一体系的建立需要厂家与零售的共同努力。这才是今后零售和厂家应该着力打造的双赢关系。毋庸置疑，数据就是实现这种双赢关系最有效的手段。

第 **3** 章

卖场及销售方法的科学化

11. "新部门"的创造

沙司酱部门也好,"好好吃饭"柜台也好,新的尝试十分必要

生产厂家的使命之一就是不断开发新商品。那么,零售的使命是什么呢?不断创造新的部门就是零售的使命之一。

之所以这么说,是因为各大零售店中的货架实际上正是零售生意基本理念的体现,它由各个部门有机组合而成,单凭某个厂家一己之力是无论如何也打造不出来的(尽管现实中的货架打造多基于厂家的提案)。

在这里,我想聚焦于几家店铺在新部门创造方面所采取的措施,并尝试通过使用顾客数据对其进行验证。

在介绍之前,我们先来整理下新部门相关的一些信息。我认为,新部门的创造大体可以分为2种模式。

一种是"部门本身迄今为止未曾有过"。例如,YAOKO东大和店的沙司酱、手工制作日式点心的货架等。

另一种是"虽为已经存在的部门,但其商品的组成、结构以及相邻的部门的配置等都是基于全新构想建立起来的"。

AEON幕张新都心店的"PASTA ITALIAN"、INAGEYA下石神井店的沙拉调料卖场的货架等都属于第二种。接下来

我们先聚焦于后者来看一下情况。

以饮食场景为基础进行关联商品的集约、再配置

图表 1 所展示的就是 INAGEYA 下石神井店沙拉调味料卖场大致的贡多拉配置。需重点关注的是其中使用 5 个贡多拉搭建而成的沙拉调味料货架。由图可见，该货架的第一、第二段所陈列的并非沙拉调味料，而是其关联商品。

图表1　以沙拉调味料为中心的关联商品集中陈列卖场（INAGEYA下石神井店）

2段									
小吃　冷盘　罐头	通心粉　沙拉意大利面　沙拉面	油煎碎面包片　培根肉等	沙拉用干鳀鱼削片　沙拉用海苔　沙拉用小杂鱼　海藻沙拉	切段裙带菜　裙带菜	油橄榄果　葡萄醋　橄榄油等	沙拉俱乐部	西式泡菜　酸洋白菜		沙司酱
	沙拉调味料	沙拉调味料	沙拉调味料	沙拉调味料	沙拉调味料	蟹罐头　扇贝罐头	豆类罐头　芦笋罐头	蛋黄酱	塔塔酱
						玉米罐头	金枪鱼罐头		蛋黄酱

贡多拉货架（90cm）*10 根

2013 年 9 月视察

海藻沙拉、沙拉意大利面、油煎碎面包片、培根肉等配料，以及蔬菜之外的沙拉材料等完全占据了 5 个贡多拉的上面 2 段。与这 5 个相连排列的沙拉调味料货架相邻的主要是玉米罐头，其他还有扇贝、蟹等罐头商品。该商品的正上方陈列的正是被称为"沙拉俱乐部"的商品，旁边则摆放着金

枪鱼罐头以及泡菜、豆类等罐头。该贡多拉最上段陈列的是瓶装的酸洋白菜、泡菜类商品。

顺便补充下，这里的所有罐头并未在罐头柜台进行重复陈列（在下石神井店，基本上，罐头都是按照各自的使用场景被分散配置）。与罐头贡多拉相邻的是蛋黄酱。而作为新部门出现的沙司酱，则被集中摆放在旁边贡多拉货架的上段，其下段所摆放的是蛋黄沙司。

也就是说，中间通道一边的 10 个贡多拉货架全部以"吃沙拉"这个饮食场景为基础，集中将其相关联的商品进行了陈列。这应该算得上是一个以全新构思对原有部门进行再配置的例子。

接下来，请大家看下**图表 2**。图表 2 所展示的是与玉米罐头、沙拉俱乐部一起被购买的商品的 Lift 值[①]。这是一家零售连锁店的例子，灰色部分的商品与沙拉的关联性较薄弱，由表可见，该部分在两件商品中均为极少数。与之相对，下石神井店中集中陈列的那些沙拉关联商品却几乎占据了全部——两件商品均呈现出了这样的特点。

当然，这个数据与下石神井店那样的卖场数据并不完全相同。但数据中也出现了罐头等因卖场相邻等要因而被同时购买的商品。

然而，我们并不能因此否定集中陈列的价值。因为，尽

[①] Lift 值所表示的是关联购买倾向的比例。Lift 值越高，代表同时购买的概率越高。

与玉米罐头同时被购买的商品

顺序	商品名称	Lift 值降序
1	沙拉俱乐部　水煮鹌鹑蛋	35.39
2	沙拉俱乐部　鸡脯肉	33.48
3	水煮鹌鹑蛋	32.97
4	羊栖菜	32.23
5	混合根菜	31.98
6	扇贝（薄片）	30.80
7	羊栖菜和大豆　罐头	29.47
8	蘑菇（整个）　罐头	28.90
9	KK 国产蘑菇　罐头	28.79
10	午餐肉常规	28.71
11	沙拉俱乐部　5 种豆子（北海道产）	27.69
12	蘑菇（整个）　罐头	27.66
13	沙拉俱乐部　沙拉豆类混合装	26.73
14	蛤蜊　罐头	25.91
15	沙拉俱乐部　蘑菇（整个）	25.77
16	每日沙拉混合豆	25.76
17	无食盐添加混合豆	25.50
18	混合豆	25.26
19	蘑菇片	24.46
20	无食盐添加土豆	23.62

与沙拉俱乐部同时被购买的商品

顺序	商品名称	Lift 值降序
1	混合根菜　罐头	459.93
2	有机　鹰嘴豆　罐头	213.29
3	有机　大豆　罐头	197.97
4	扇贝（薄片）　罐头	169.44
5	沙拉　混合豆　罐头	136.19
6	蛤蜊　罐头	131.37
7	红小豆　罐头	110.49
8	羊栖菜和大豆　掺有干鲣鱼削片（厚）	100.97
9	黑橄榄（切片）　罐头	100.86
10	湿　羊栖菜　罐头	97.93
11	鹰嘴豆　罐头	94.41
12	金枪鱼　薄片　无盐分·油添加罐头	90.23
13	黑木水母	87.80
14	西式泡菜　罐头	84.63
15	混合豆　罐头	83.87
16	沙拉　PariPari cherimen	83.61
17	荷兰芹	72.36
18	伊势　羊栖菜	72.36
19	McCormick　油炸洋葱	71.63
20	培根肉	70.22

管相邻，若同时购买的相关性很低，数据中也不会出现这种清一色全是关联商品的情景。

蛋黄酱用户对沙司酱也感兴趣？

这里还有另一个让人感兴趣的数据，那便是**图表 3**。图表 3 所展示的是蛋黄酱和沙拉调味料的重度消费者中，购买了新部门的沙司酱的顾客数量。

首先，二者都体现了一个共同点，即未购买蛋黄酱和沙

图表 3　沙司酱购买件数比较

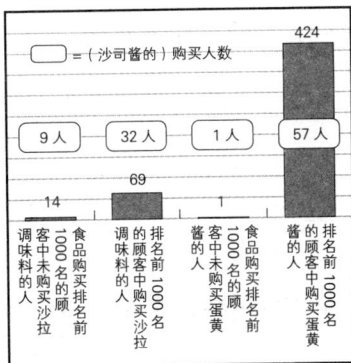

	= (沙司酱的) 购买人数

| 9 人 | 32 人 | 1 人 | 57 人 |

424

14　69　1

调味料的人购买沙拉1000名的顾客中未名排食品购买前
调味料1000名购买沙拉的顾客中排名前
酱的人1000名购买蛋黄的顾客中未名排食品
酱的人购买蛋黄1000名的顾客中排名前

图表 4　"好好吃饭"柜台（SUMMIT 野泽龙云寺店）

茶泡饭	
紫菜盐	佃煮（瓶）
海苔	咖喱炒饭 墨西哥饭 等西式料 理相关的材料
海苔	稻荷寿司 什锦寿司 中华盖饭等 日式料理相关的材料
国分 IRETAKU 系列 小锅什锦饭材料	

2013 年视察

拉调味料的顾客也几乎都不曾购买沙司酱。重度消费者的情况却不同，从销售数量的差异我们很容易发现，蛋黄酱的重度消费者明显对沙司酱的兴趣更高。

从这个数据来看，将沙司酱卖场设置在与蛋黄酱相邻的地方是合理的。加之前面图表 2 中的数据，我们可以综合得出以下结论——重新构建、配置后的下石神井店的沙拉调味料部门的评价结果为"〇"。

最近，上述这种以饮食场景这种更宏大的概念来打造卖场的手法越来越多地被应用。

SUMMIT 野泽龙云寺店，便是其中一个例子。该店以"好好吃饭"的饮食场景为基础，打造了如**图表 4** 所示的柜台——该柜台集中陈列了各种与米饭相关联的、不同类别的商品。

贡多拉端架上陈列的便是国分的"IRETAKU"系列

罐头。

在这种以饮食场景为基础打造出来的柜台，对新导入商品进行展示、销售，这对厂家、零售双方而言，都是不错的选择。

单纯地将其摆放在罐头卖场，只能被有限的顾客发现。厂家的开发意图需与销售方法匹配。因为只有用正确的、适当的销售方式才能挖掘出更多有需求的顾客，也才能真正发挥商品的价值。

金额回头率高的理由

培育、发展商品是零售的职责，新部门的创造则是其原动力。

图表 5 是将米这一商品群的一般回头率（图中黑色圆点连成的折线）按照由高到低的顺序排列之后的结果。图中灰色圆点连成的折线所代表的就是金额回头率①。

柱形图表示的是销售数量。

值得注意的是，尽管销售数量、回头率都不算高，但金额回头率却骤然上升的两件商品。金额回头率高，实际上意味着该商品的重度消费者数量较多。

两件商品均为 3 合（450g）装、极小容量的米。IRIS

---

① 一般回头率指的是包括尝试购买者在内的购买者中重复购买者，即回头客所占的比例。金额回头率所表示的就是这部分回头客的购买金额所占的比例。

OHYAMA（仙台市青叶区）以及 cocome（山梨县南
ARUPISU 市）等都在大力销售这种极小容量的米。实际上，
上述商品的金额回头率明显高于其他商品，其上升空间极大，
因而绝不容忽视。

有的 SM 甚至专门将这种极小容量的米打造成一个柜台
进行销售（DAIE 东大岛店在店铺改造后就导入了 cocome 10
SKU）。将迄今为止不曾出现过的全新规格的商品进行集中陈
列，应该也可以看作部门重建的一种吧。7-ELEVEn 是率先
开始销售 3 合装、极小容量米的便利店。

要正确判断某件商品是否有市场需求，零售和厂家的配
合十分关键。正如我前面提到的国分的"IRETAKU"的例
子一样，只有零售方准确理解并结合开发意图来进行卖场建
设，才能精准把握顾客需求。

然而，一旦养成了看顾客数据的好习惯，则十分有可能
尽早地发现所谓的"轶才"——尽管现在仍身处暗处，并不
起眼，但一旦聚光灯亮起，就会变成耀眼的明星。

用咖喱汁构建新部门

最后，我想再举一个咖喱汁的例子。事实上，咖喱这个
种类中的新商品要数 House 食品曾推出的一款名叫 GRAN 咖
喱汁的商品。然而，不知何时这款新商品却从各大 SM 的货
架上消失了。

图表5　大米商品群的回头率

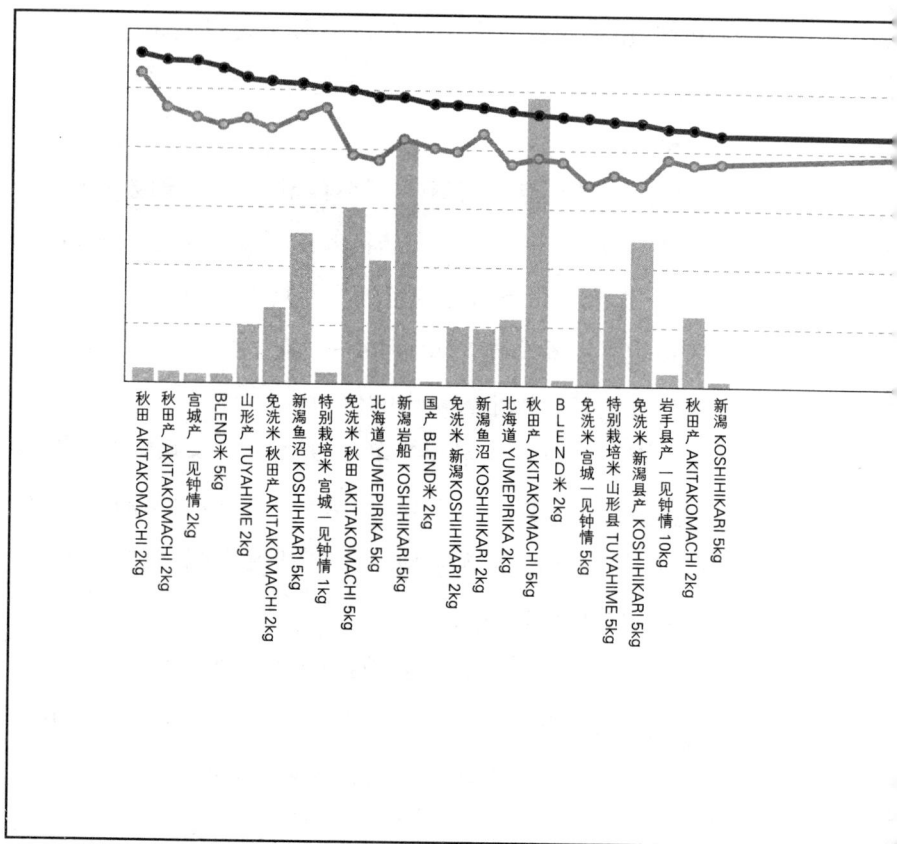

这究竟是什么原因呢？我认为导致其消失的原因不在生产厂家，而在零售方。

咖喱汁是一款介于面酱和软罐头食品之间的、属于新部门的商品。然而，从当时零售方的销售状况来看，他们对此的认识却十分淡薄。半数以上的SM不过是在没有任何说明、

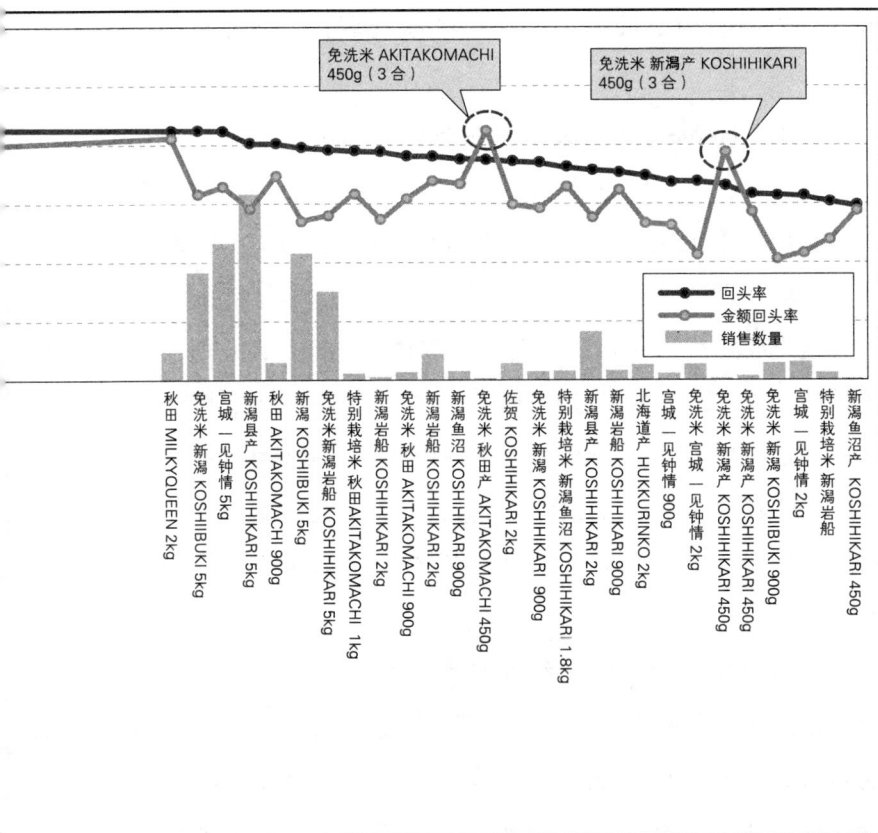

免洗米 AKITAKOMACHI
450g（3合）

免洗米 新潟产 KOSHIHIKARI
450g（3合）

回头率
金额回头率
销售数量

秋田 MILKYQUEEN 2kg
免洗米 新潟 KOSHIIBUKI 5kg
宫城 一见钟情 5kg
新潟县产 KOSHIHIKARI 5kg
秋田 AKITAKOMACHI 900g
新潟 KOSHIIBUKI 5kg
免洗米 新潟岩船 KOSHIHIKARI 5kg
特别栽培米 秋田产AKITAKOMACHI 1kg
新潟岩船 KOSHIHIKARI 2kg
免洗米 秋田 AKITAKOMACHI 900g
新潟岩船 KOSHIHIKARI 2kg
新潟岩船 KOSHIHIKARI 900g
免洗米产 AKITAKOMACHI 450g
佐贺 KOSHIHIKARI 2kg
免洗米 新潟 KOSHIHIKARI 900g
特别栽培米 新潟产 KOSHIHIKARI 2kg
新潟岩船 KOSHIHIKARI 900g
北海道产 HUKKURINKO 2kg
宫城 一见钟情 900g
免洗米 新潟产 KOSHIHIKARI 450g
免洗米 新潟 KOSHIHIKARI 900g
宫城 一见钟情 2kg
特别栽培米 新潟岩船
新潟鱼沼产 KOSHIHIKARI 450g

2013年3~8月实际销售情况

宣传的情况下直接将其作为新商品摆放在了咖喱的货架上
而已。

当然，厂家或许已经通过电视 CM 等进行了促销活动，
但零售方的反应实在不敢恭维，这种略显迟钝的反应实际上
也会直接影响消费者，造成他们对该商品的钝感。

据我推测，大概就是在消费者刚刚认识到作为新切入口的商品与原有商品面酱之间存在的差异后，该商品被迫下架了。

后来，House 又再次发售了咖喱汁（江崎 GURIKO 的虽为薄片包装，但也是相同概念的商品）。咖喱汁，既比软罐头商品更具有手工制作感，又比直接使用面酱更加简单便捷，正是一款"取二者之所长，补二者之所短"的中庸商品。

这类商品在 House 食品之外也有销售。只是，它所占的比例还太少，远不足以被构建成一个新部门。然而，随着以 House 食品为首，包括 S & B 食品在内的大型食品生产厂家投入更多的新商品，零售方也能严格按照开发意图进行卖场打造的条件日益成熟，其作为新部门固定下来也不是没有可能的。

在这里我还想介绍一组非常有意思的数据。那就是不同分组的比较分析。其中一个是购买 House 食品（咖喱汁）的回头客（多次购买者）组。另一个是未购买任何 House 食品（咖喱汁）的未购买者组。为了降低顾客在其他店同时进行购买的可能性，这里仅取食品购买靠前的顾客进行分析。

图表 6 所比较的是这两种分组下咖喱面酱的购买状况。通过对两种具备不同购买特性的分组进行比较，若得出了明显的差异，那么就有必要对其主要原因进行推测。

图表 6 显示，House 食品的咖喱汁回头客中，江崎

图表 6 不同分组的实际购买状态比较分析

未购买 HOUSE 食品（咖喱汁）组
食品购买排名前 413 名的顾客

顺序	商品名称	人数	总购买件数
1	百梦多咖喱　中辣　238g	80	218
2	百梦多咖喱　甜味　238g	67	187
3	爪哇咖喱　中辣　207g	52	180
4	KOKUMARO 咖喱　中辣　140g	51	136
5	横滨舶来亭咖喱福徕客　180g	41	132
63	PLATINUM Excellent 咖喱　100g	1	3
64	香味咖喱　鸡肉咖喱粉　56g	2	3
65	药膳咖喱·黄酱　300g	1	2
66	CURRYHALF DINNER　中辣　108g	1	2
67	TOROKERU 咖喱　中辣　188g	2	2
68	TOROKERU 咖喱　辣味　188g	1	2
69	黄金咖喱　甜味　198g	2	2
70	香味咖喱　牛肉咖喱粉　58g	2	2
71	THE HOTEL 咖喱　浓稠　160g	2	2
72	香炒咖喱汁　鸡肉 masala 咖喱　400g	1	2
73	用米粉做成的 Rice 咖喱酱　110g	2	2
74	给孩子吃的咖喱　RUU　150g	1	1
75	我们家的 SOUP 咖喱　海带汤汁　102g	1	1
	合计		2976

购买 HOUSE 食品（咖喱汁）组
回头客 428 人

顺序	商品名称	人数	总购买件数
1	横滨舶来亭咖喱　福徕客　180g	56	117
2	GURIKO 香味咖喱　鸡肉咖喱粉 56g	62	113
3	GURIKO 香味咖喱　牛肉咖喱粉 58g	39	65
4	百梦多咖喱　中辣　238g	34	58
5	番茄红烩调料　184g	21	33
68	TOROKERU 咖喱　甜味　188g	2	2
69	ZEPPIN 咖喱　辣味 BLACK　190g	2	2
70	KOKUMARO HAYASHI　160g	2	2
71	THE HOTEL 咖喱　Wine Sauce 160g	2	2
72	咖喱　福徕客　170g	2	2
73	印度之味　鸡肉咖喱糊　180g	2	2
74	直火烧咖喱　中辣　170g	2	2
75	EXCELLENT 咖喱　RUU　150g	1	1
76	药膳咖喱·黄酱　300g	1	1
77	CURRYHALF DINNER　中辣 108g	1	1
78	TOROKERU 咖喱　中辣　188g	1	1
79	TOROKERU 咖喱　辣味　188g	1	1
80	黄金咖喱　甜味　198g	1	1
	合计		2728

2013 年 3~8 月实际销售情况

GURIKO 商品（2 种）的购买件数尤其凸显，分别占据了销售数量的第 2 位（62 人）、第 3 位（39 人）。未曾购买过任何 House 食品的顾客中，却几乎无人购买江崎 GURIKO 商品（二者各有 2 人）。这其中的差异十分明显。那么，这个差异究竟意味着什么呢？House 食品与江崎 GURIKO，两家商品有 2 个共同点。其一，二者都十分简便——只需将另外准备的材料在平底锅中炒一下，再加入该商品即可。十分钟左右便可出锅。

其二，二者均不同于软罐头装食品那种快餐感十足的商品，而是需要自己动手准备食材，并进行烹饪。

"既不想太麻烦，又想要充分的手工制作感"——应该可以将回头客中的这一个分组定位为有该种需求的顾客。事实上，我认为新部门的关键就在此处。

我在开头部分的标题中提到的新部门的创造，实际上只是针对零售——离最终的消费者位置最近的一个存在——的一种使命。

零售方若是能正确认识到这一点，那么零售将继续进化并实现更大的发展。CARE－FOOD（LIFE CENTRA SQUARE 西宫原店）、FLAVOR SALT（SUMMIT 野泽龙云寺店）、自然解冻的便当食材（高津东急店）等店也能见到不少创造新部门的举措。

希望本次介绍的使用顾客数据进行的回头客分析以及分组比较分析等能够为新部门的开发、原有部门的重新构建提供一些帮助，同时期待今后大家能够进一步理解、认识到顾客数据的重要性。

12. 反反复复的"便宜卖"
回头客、购买顾客无法激增的"便宜卖"毫无意义

在这里，我想介绍一下通过把握回头客来进行商品评价 trial-repeat（以下简称 TR）分析的一些基本观点，以及如何从新的视角出发对其进行活用。

由老年人牵引的高回头率

TR 分析中，首先最关键的就是其中的 R，即回头率。单凭这一指标我们便可以知道顾客来店的次数。某件商品的回头率高就意味着顾客来店的次数也同样高。

与生产厂家不同，我们在评价零售时，不仅要看单品的销售额、销售数量，能否有效促进顾客来店也应该是指标之一。

下面我们通过几个例子来看下不同年龄层的回头率。

在实际销售副食的几个代表性部门中（分析了几个部门，此处只选择其中一例）并未发现明显的年龄层差异。各部门均呈现如**图表 1** 左图所示的模式。

副食部门（小包装商品除外）各年龄层的回头率

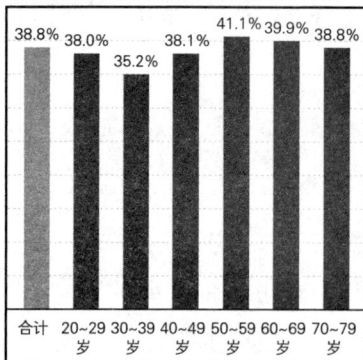

副食部门（仅限小包装商品）各年龄层的回头率

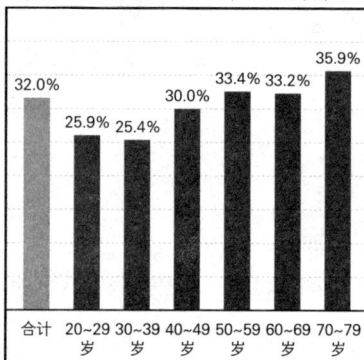

然而，选取其中小包装商品进行分组后，不同年龄层的回头率却呈现出图表 1 右图所示的倾向——年龄层越高，回头率越高。

20~29 岁、70~79 岁两个年龄层正好相差 10 个点。实际上我注意到在进行不同年龄层的 TR 分析时，越是老年人，其回头率越高的部门竟出乎意料地多。

图表 2 所展示的结果就是由上述多个事例整合而成的。

图表 2　不同年龄层的回头率（%）

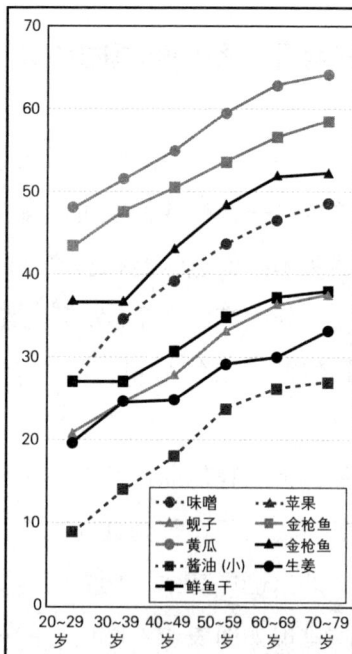

事实上，之所以出现许多年龄层越高回头率也越高的模式，是有据可循的。

图表3是对光顾某家零售连锁店的顾客进行调查的数据。图表比较的是各年龄层顾客的比例以及各年龄层下每个人的平均来店次数（期间为1年）。3家店铺均呈现出几乎相同的结果。占比最高的为40~49岁顾客群，50~59岁、60~69岁的紧随其后。

图表3　各年龄层顾客的比例与每人的平均来店次数的比较

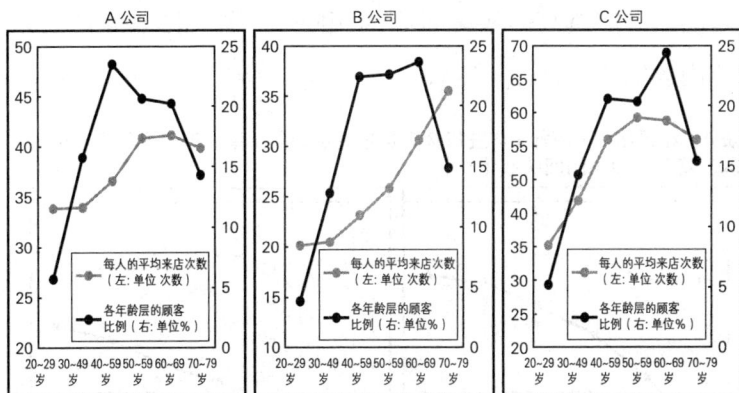

然而，每个人的平均来店次数却出现了不同的特点。50~59岁以上的年龄层几乎保持着相同的高频率，这与40岁以下的年龄层形成了一定的对比。这说明，老年人中频繁光顾店铺的人要多于其他年龄层。之所以能见到许多商品（群）呈现出上述这种年龄层高回头率的倾向，来店次数多可以算得上一个重要原因。因为来店次数多也就意味着回头，即重复购买的机会多。

特别是 70～79 岁的年龄层，其占比本身与 50～59 岁、60～69 岁两个年龄层相比，下降趋势十分明显，来店次数却几乎保持不变。这个数据实际上也是在告诉我们，着力打造丰富多彩、充满变化的卖场的重要性。只有这样，才能让那些频繁来店的老年人时刻对卖场保持新鲜感。

图表 4 的左图所比较的是进口猪肉和品牌日本产猪肉的不同年龄层顾客的回头率。前者的回头率中，60～69 岁以上的年龄层与年轻的年龄层相比有很大的下降。后者却呈现出显著的年龄层越高回头率越高的倾向。同样，图表 4 的右图对鸡肉的回头率进行了比较。

图表 4　精品猪肉（商标）与进口猪肉各年龄层的回头率、地鸡（商标）与日本产鸡各年龄层的回头率（％）

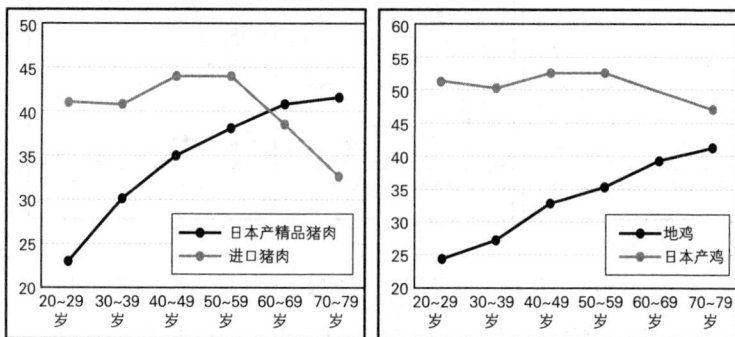

其结果与猪肉的例子相同。地鸡、精品鸡肉呈现出直线上升的趋势，而普通的日本产鸡却呈下降倾向，形成了鲜明的对比。

我在前面也多次提醒大家去关注那些老年人支持率高的部门、商品类型（精品、日本产等），而事实上，TR 分析也得出了同样的结论。这也让我们重新认识到了 SM 中老年人顾客群体的重要性。

评价原有商品的"分歧点"是？

卖场的商品几乎都是原有（长期持续销售）商品，新陈列商品不过占其中极小的比例。单纯通过尝试购买，只能把握新发售商品、零售方全新采用的商品、包括生鲜熟食在内的全新开发的商品等有限的商品。

对于其他商品，我们在进行 TR 分析时，有必要设定一定的基准，例如将间隔半年之久的重新购买也视作尝试购买等。

那么接下来，我想先介绍下未设定上述基准的 TR 的活用手法。我将这种 TR 称为分歧点，在它的帮助下，我们可以从全新视角来进行商品评价。

请看**图表** 5。为了便于理解，我们假设特定商品的购买者数量为固定的 20 人（用 A~T 表示），图表所展示的是这 20 个人每天（图表上段的数字。负数所表示的是调查期间之前的期间，即过去的数据）的购买情况。表中的字母代表有购买。

真正意义上的尝试购买只有图表中用白色字母表示的 B、J、Q——它们在调查期间之前是没有购买实绩的。然而，由于数据从调查开始之时便把所有购买者都当作了尝试购买者，

图表 5　固定的 20 名顾客每天购买特定商品的实际情况

	过去的数据			TR 分析期间的数据									
	-3	-2	-1	1	2	3	4	5	6	7	8	9	10
	A		A			A			A		A		
							B						B
	C								C				C
		D					D						D
	E		E		E			E		E			E
	F	F		F	F			F		F	F		
		G	G		G	G		G	G				G
			H			H			H		H		
	I	I	I	I		I		I		I	I	I	I
							J			J			
	K	K		K	K			K			K	K	
							L		L	L		L	L
		M			M			M			M		
	N						N		N	N			N
	O		O		O		O		O				
		P							P		P		
									Q			Q	Q
		R			R	R	R	S		R			
		S						T					
			T										

				1	2	3	4	5	6	7	8	9	10
尝试购买者人数				3	3	4	4	3	2	1	0	0	0
回头客人数				0	2	2	3	3	6	5	8	8	9

分歧点

从而导致购买者中尝试购买者的比例为 100%。

随着时间的推移，曾经的尝试购买者逐渐转化成了回头客，尝试购买者和回头客的比例也随之发生变化。由于每个顾客的购买频率不同，回头客增加的曲线呈现出了不断上升的趋势。

而与此同时，随着回头客的逐渐增加，尝试购买者的比例则从开始时的 100% 慢慢形成了不断下降的曲线。终于在某个点两条曲线相交，回头客的比例逆转，成功地超过了尝试购买者。这个交叉点就是分歧点。

146

图表 6 所展示的就是这样的一个实例——饭团。饭团作为副食，长期得到顾客的大力支持且购买频率很高。如图表所示，两条曲线在分歧点即相交之前的期间很短，且曲线的开口逐渐变大。诸如此类的例子还有很多。

图表6　回头客人数和尝试购买者人数的比例

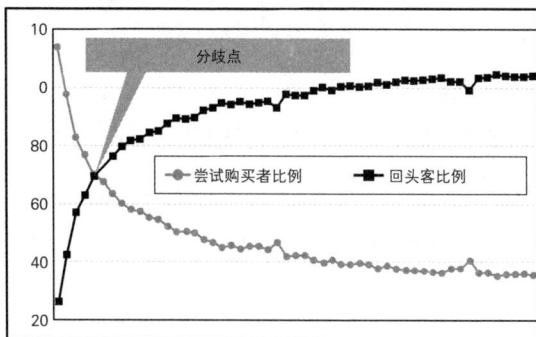

由于曲线组成的形状似一个横卧的比尔森玻璃杯，我称其为比尔森型。呈现该种形状的商品，才是 SM 绝对不可忽视的常规商品。

然而，有的商品即使经过一段时间也不会出现分歧点。我在分析副食部门所销售的各种便当时发现，不同的商品到达分歧点的期间各不相同，更有不少商品即使长期持续销售，曲线也不会相交。

上述这种发现可以成为生鲜或副食部门店内供货调整时一个重要的判断基准。

当然，有一点要声明，这个分歧点不能用于消耗频率不同的商品之间的比较。说到底，它只能在同部门、同品群中比较并进行判断。

能够弥补回头率盲区的金额回头率

回头率有 2 种计算方法。本次想主要针对金额回头率做个详细说明。因为金额回头率能够有效弥补一般回头率的盲区——重度消费者存在的程度。

图表 7 是将回头率形象化之后的示意图。A 图、B 图的上方为一般的回头率，下方则为金额回头率。回头率所表示的是人的比例，金额回头率所体现的则是这些人购买金额的比例。

图表 7 中的 A 和 B，尝试购买者和回头客的人数不变，回头率同为 30%。不过，与 A 相比，B 中间购买次数较多的回头客占了绝大多数。结果，B 中的回头客购买金额大幅度高于 A。由图可见，B 的金额回头率竟高出了 A20% 左右。事实上，这个差异越大，意味着重度消费者的比例越高。

我们应该总结一下那些回头率很低，金额回头率却很高的商品在规格或者其他方面是否存在独有的特征。因为准确把握住它们的特征，可以帮助生产厂家、零售方有效减少机会损失，同时发现更多潜在的机会。

接下来我用**图表** 8 所展示的事例再来说明一下吧。图表 8 是盒装饭关联商品的回头率（横轴）和金额回头率（纵轴）的分布图。图中偏离正态分布的商品为盒装小麦饭。与一般

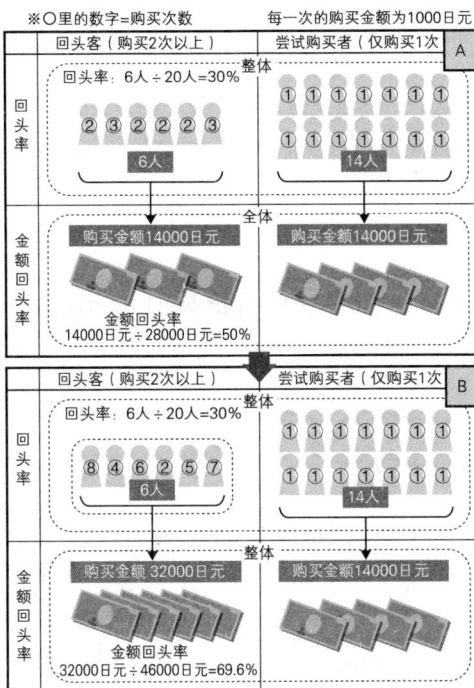

图表7　回头率示意图

的盒装饭相比，小麦饭在货架中摆放的种类较少。或许正是因为顾客的选择范围较小，才促成了反复购买，从而转变成了回头客。

此时，零售方应该及时采取行动以尽可能增加尝试购买者。考虑到重度消费者的数量较多，不妨在山药卖场进行关联陈列（可提案浇山药浆的麦米饭），或者进行减肥餐（午餐）的菜单提案等。至于生产厂家，则有必要着手新商品、或者是姐妹商品的开发。

图表8　盒装饭关联商品的回头率和金额回头率的分布图

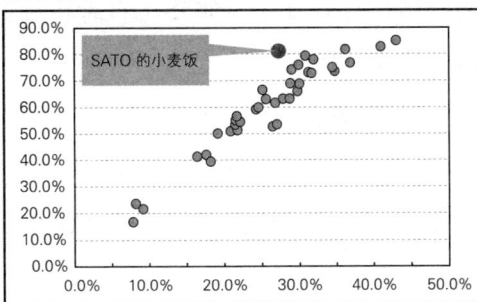

一般情况下，大多数商品群的回头率和金额回头率几乎

处于同等水平，排名几乎相同。但像上述事例中出现的金额回头率格外高的商品需要进一步确认。若该商品具备其他商品所没有的特别的规格、功能、味道等，那么这里很有可能隐藏着潜在的需求。若能成功挖掘出这类需求，我们便成了发现"千里马"的"伯乐"。

销量急剧增长！价格弹性值和爆发点

最后，我想通过**图表 9** 中某厂家的酸奶事例，对价格弹性值和爆发点做一个简单的说明。上图的折线所表示的就是价格弹性值，它是用柱形图所代表的销售量（TR 数）的变化率除以价格的变化率所得[①]。13.9% 为最高部分，此时的价格由下图的折线可知为 93 日元（不含税）。从下图的折线我们还可以看出以下三点。

第一点，随着价格降低，销售量出现了急剧增长的价格为价格弹性值最高的部分（有时也称为爆发点。也就是前面提到的 93 日元）。第二点，即使再继续调低价格，销售量也没有持续增长，也就是出现了所谓的极限价格（本例的极限价格为 85 日元）。第三点，下图中的柱形图还体现了随着价格变动，尝试购买者和回头客的比例变化。前两点，对于零

---

① 价值弹性值指的是，价格变动引起的销售数量变化的比例。通常情况下，数值超过 1 则判断价格弹性值很高。尽管价格变动，但销售量变化幅度很小的商品，则表示折扣的效果不佳。价格弹性值=销售量的变化率÷价格的变化率

※顾客数据来源于关东地区、关西地区某零售连锁店 2013 年度的实际销售情况。

图表 9　价格弹性值、价格变化率、TR 数（每一天的平均）变化率

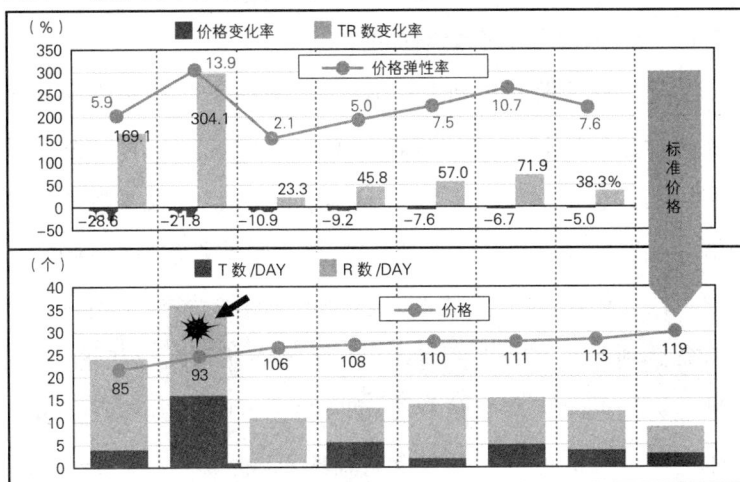

（％）
■ 价格变化率　　■ TR 数变化率
350
300
250
200
150
100
50
0
-50

价格弹性率

5.9　13.9　2.1　5.0　7.5　10.7　7.6
304.1
169.1
23.3　45.8　57.0　71.9　38.3%
-28.6　-21.8　-10.9　-9.2　-7.6　-6.7　-5.0

标准价格

（个）
■ T 数 /DAY　　■ R 数 /DAY
40
35
30
25
20
15
10
5
0

价格

85　93　106　108　110　111　113　119

※ TR 数 Best7 的价格区间　升序

售界而言并不陌生，屡屡有所耳闻。但第三点，却可以说是一个未被涉及的新视角。

　　那么，第三点这个新视角又能说明什么呢？观察柱形图，我们可以看到价格下降之后，回头客的比例已经远远超过了尝试购买者。此时，我们应该判断，并没有必要降价至此。因为，降价的目的原本就在于促使尝试购买者进一步转变成回头客，而这个目的早已经达到了。

　　意识不到这一点的便宜卖，最后只能以"大甩卖"告终。图表 9 中的 85 日元所对应的销售量实际上已经低于爆发点的 93 日元。这才是我们最应该重视的问题。

　　不仅如此，85 日元这个价格下的尝试购买者也在减少，只有回头客还在继续增加。这也是一个必须重视的大问题。

因为回头客的增加很有可能是提前购买，可以预见较长的一段时间内销售数量是不会增加的。

然而，对于降价的理智判断却几乎从未在零售现场出现并被执行过。姑且不论那些低于原价的便宜卖，有时候即便无利可图，也要靠销量去粉饰利益的绝对值，只要数字在增加就没问题的想法充斥着整个零售界。原本就没有任何时间、任何手段去做数据分析的 SM 还是占据了大多数。不过，那些有条件利用顾客数据的 SM，不妨考虑从 TR 分析的视角，先试着去把握主力商品价格变动时的尝试购买者和回头客的变化情况。我敢保证，一定会有新的发现。

TR 分析的切入口，除了这里介绍的事例外，其他还有许许多多。希望大家能认识到一点——分析、活用的事例，并不是分析的专家们凭空创造出来的，它们都是 SM 现场诞生出来的真实案例。衷心地期待 SM 的第一线能够涌现越来越多数据分析的"尝试者"。

13. "年末商战" 的 3 天
平素购买冷冻鱼的常客购买冷冻蟹

　　一到年末，各大 SM 几乎无一例外地播放起了贝多芬第
九交响曲的背景音乐。应该也有不少顾客，在听到这个音乐
后，会条件反射似的意识到年末将至吧。据说在年末期间，
日本各地举办的第九交响曲的音乐会加起来会超过 200 场。
这似乎也可以算得上日本特有的现象了。有意思的是，古典
音乐的忠实粉丝们却像对第九交响曲不太感兴趣，不太去听
这样的音乐会。相反，那些平素几乎不听古典音乐的人中倒
有不少会特意跑去听年末的第九交响曲。看来，对于热心的
粉丝来说，这首曲子似乎算不上亲切、熟悉。

　　将第九交响曲作为年末的常规背景音乐连续多年播放的
SM 在年末的境遇，却与上面提到的第九交响曲音乐会大不
相同，甚至完全相反——在年末一批批涌向 SM 的都是店铺
的粉丝，即所谓的常客。顾客们会更倾向于在平时购物的店
铺进行年末商品的大采购。因此可以说，年末的顾客动向正
是店铺这一年来顾客评价好坏的体现。在 SM 工作的人，应
该至少有一次听过这样的说法吧。

　　至于这样的说法到底有没有依据，倒并未得到多少验证。
正如我在前面介绍的一样，顾客的实际购买情况很多时候会

与销售方的预测大相径庭。本年度顾客更迭的激烈程度远远超过前一年就是其中一个例子。因此，我以 12 月中旬之后进行年末商品备货的 SM 为对象进行了购买者情况的调查。

上一个月的高频顾客日趋稳定并成功维持了 2 成的顾客

首先，介绍下我对年末某家店铺在 12 月份中每一天排名靠前的顾客比例的调查结果。所谓高频，指的是利用频率很高的顾客。这群顾客在上个月（11 月）消费了 3 万日元以上金额且来店次数在 10 次（平均每 3 天一次）以上。**图表 1** 中柱形图中的黑色部分所表示的就是 11 月的高频顾客在 12 月每天的比例。图表数据为关东地区所有连锁店的实际销售情况，由图可见，该比例十分稳定且都保持在 2 成左右（这 2 成顾客所贡献的销售额占比超过了 6 成）。这个比例，即使在 29 日以后的年末 3 天也几乎无任何波动。乍一看，在年末那些高频顾客并未呈现蜂拥而上的倾向，但这同时也说明这些高频顾客在年末并没有选择其他店消费。

顺便补充下，**图表 2** 所展示的是 12 月每一天不同年龄层顾客的比例。年末 3 天里，老年人①顾客所占的比例有所上升。但看高频顾客的年龄层构成，我们可以发现老年人的比例每一天均维持在 5 成左右。这也表明该群体原本就是一个

---

① 这里指的是 60~70 岁（不包括 70 岁）以上的老年人。

图表1 11月份排名靠前的顾客（高频顾客）在12月份的比例（以天为单位）

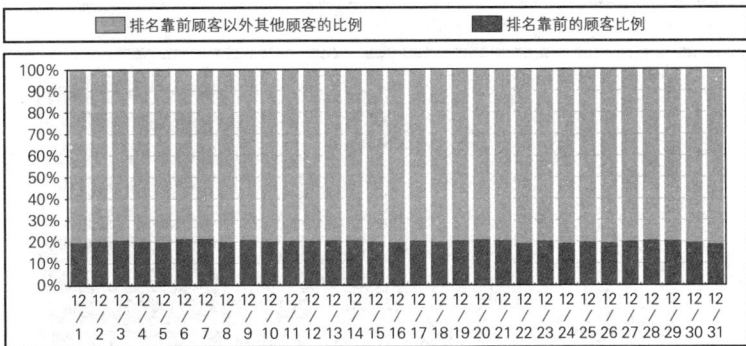

排名靠前顾客以外其他顾客的比例　　排名靠前的顾客比例

（纵轴：100% 90% 80% 70% 60% 50% 40% 30% 20% 10% 0%；横轴：12/1 12/2 12/3 12/4 12/5 12/6 12/7 12/8 12/9 12/10 12/11 12/12 12/13 12/14 12/15 12/16 12/17 12/18 12/19 12/20 12/21 12/22 12/23 12/24 12/25 12/26 12/27 12/28 12/29 12/30 12/31）

图表2　不同年龄层顾客的比例（以天为单位）※12月份

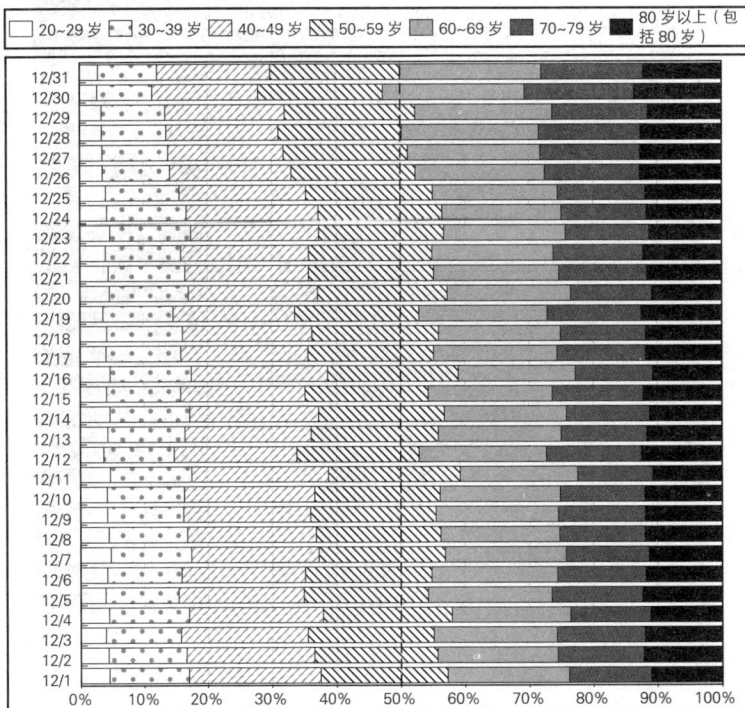

20~29岁　30~39岁　40~49岁　50~59岁　60~69岁　70~79岁　80岁以上（包括80岁）

图表3　排名靠前顾客的各年龄层比例（以天为单位）※12月份

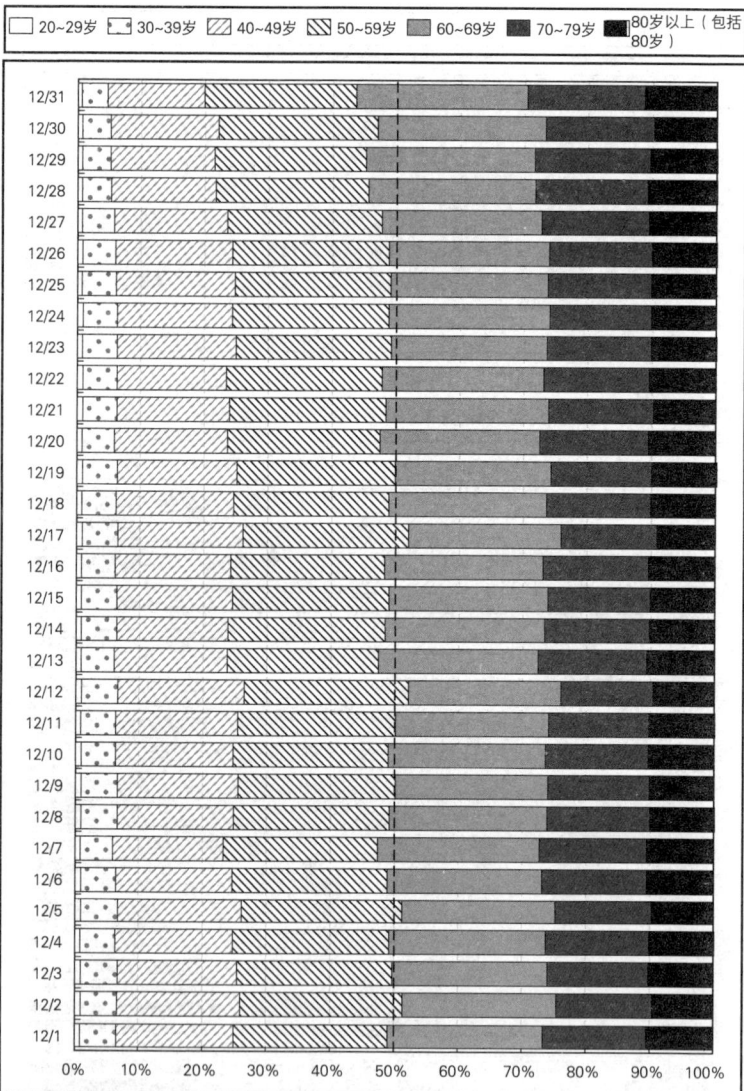

□ 20~29岁	⊡ 30~39岁	▨ 40~49岁
▧ 50~59岁	▩ 60~69岁	■ 70~79岁
■ 80岁以上（包括80岁）		

老年人比例较高的群体（**图表**3）。在年末的 3 天里，老年人比例进一步增加。由此可见，越是年龄层高的顾客，其在平时光顾的店铺购买年末商品的倾向越强烈。

来店频率高的顾客在购买年末商品

从整体的倾向来看，我在开头部分提到的话似乎已经得到了验证。但仍有必要继续聚焦年末商品再详细看一看。

图表 4 从年末商品（原则上指的是 12 月末的某一天到 31 日之间销售的正月用的食品）中选取冷冻蟹类、杂煮用的鸡肉、青鱼子、鱼糕 4 个商品群为例，对其购买者平时（除去 12 月最后一周）的购买情况进行调查。图表将 4 个商品群年末的购买者与整体的平均水平做了对比，同时还比较了每个人的平均来店次数（图表 4-1）以及购买金额（图表 4-2）。由图表可见，4 个商品群的年末购买者均为整体平均水平的 2 倍左右。从来店次数（购买次数）来看，蔬果、日配、杂货等约为 3 天一次的频率。以这个频率来店的顾客可以算得上常客了。同样地，再通过蟹类商品购买者的例子来详细看一看 12 月（除去最后一周）的购买者情况。与整体的平均购买比例 7.8% 相比，水产部门的购买比例高达 13.3%（图表中未记录）。这一部分购买者在平时应该经常光顾水产部门。

再来看细分部门的购买情况。水产部门中的冷冻部门（蟹就属于这个部门）的购买比例远远高于水产部门整体的

图表4-1 年末商品（4个商品群即部门）的购买顾客每人的平均来店次数（次）

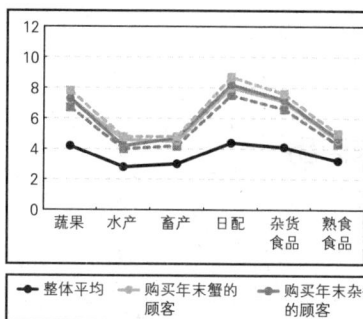

图表4-2 年末商品（4个商品群即部门）的购买顾客平均每个人的购买金额（日元）

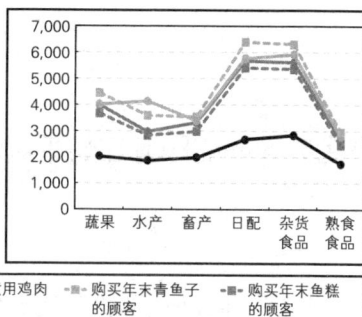

- 整体平均
- 购买年末蟹的顾客
- 购买年末杂煮用鸡肉的顾客
- 购买年末青鱼子的顾客
- 购买年末鱼糕的顾客

图表5 水产部门 购买比例的比较（%）

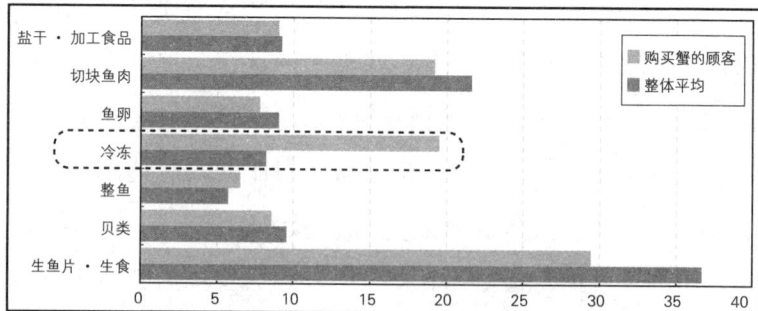

平均水平（**图表5**）。由此可知，这一部分顾客平时不仅光顾水产部门，对于细分的冷冻部门也有很高频率的利用。此外，我还调查了在前面提到的 4 个年末商品群都有购买行为的顾客的详细购买情况。**图表 6** 所展示的是购买 4 个商品群的顾客在 11 月份的平均来店次数。与图表 4 中 4 个商品群各自的购买者情况相比，11 月份的平均来店次数更高。其中老人的比例也占到了 7 成（**图表 7**）。看上去似乎可以得出这样的结

图表 6　购买所有年末商品（4 个商品群）顾客的平均来店次数

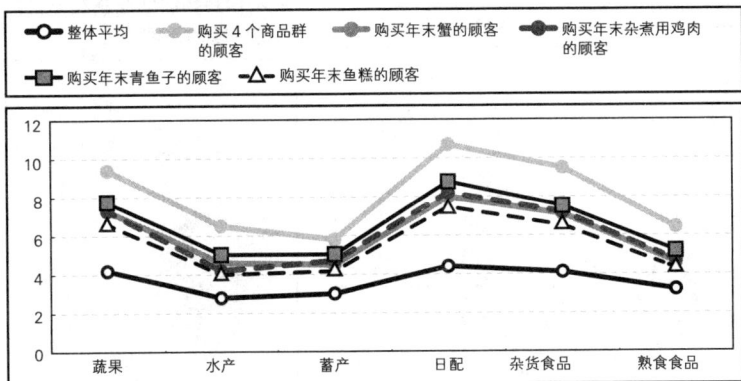

图表 7　购买所有年末商品（4 个商品群）顾客的各年龄层占比

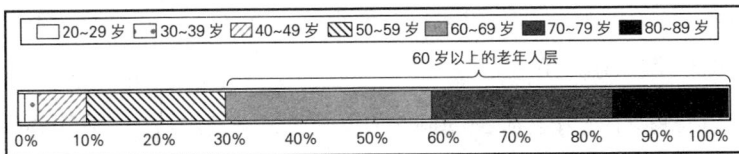

论——越是平时经常光顾的老年人，越会在年末大范围采购年末商品。

平时未曾购买却在年末购买了年末商品的顾客比例不到 1 成

那么，在 11 月或者除去最后一周的 12 月并无购买行为，却购买了 4 个商品群中的年末商品的顾客比例大概是什么水平呢？（参照**图表 8**）图表显示，11 月、12 月完全没有来店（购买行为）的顾客比例均不到 10% 。

図表8 4种不同条件下的年末商品购买顾客的比例（%）

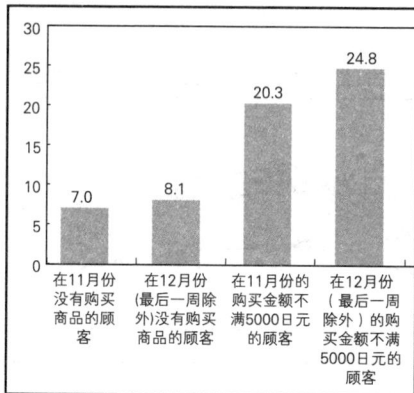

图表9 在2013年的年末3天以及2014年的同期间都购买过商品的顾客的比例（%）

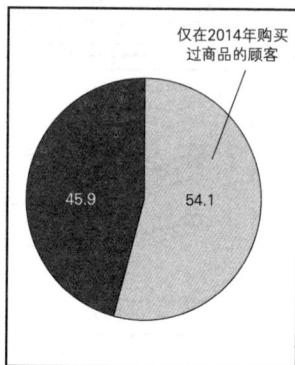

将条件稍微提高，我们再来看购买金额 5000 日元以下的顾客比例。由图可知，比例稍有提升，达到了 2 成左右。这也就意味着购买金额在 5000 日元以上的顾客占据了剩下的 8 成。可见，平素几乎不来店只在年末似从天而降般光顾店铺的顾客数量极少。当然，由于商圈的特性、布局不同，有些店铺可能比例会略高，但就平均水平而言，常客才是带动年末销售额的原动力，这个可以说是零售界的常识性认识，是非常正确的。

在年末的 3 天里也有近半数的顾客在更迭

在前面的比较中，我们通过锁定 11 月的高频购买者明确了年末的购买情况。那么，与前一年相比情况又如何呢？我在前面介绍过生活岁时中，立秋前 18 天的丑日的例子，调查表明，连续两年购买相同商品的顾客比例约为 2 成。但实际上当我跟零售业的一些相关人员提到这个数字时，很多人却认为这只是个特殊情况，并不相信。当自家店也出现了相同的调查结果时，有些人终于不得不接受这个让人惊讶的事实。实际情况竟然与销售方的"想当然"大相径庭到如此程度，实在让人意外。

图表 9 所展示的是年末 3 天，在 2013 年无购买行为，只在 2014 年购买过商品的顾客比例（54.1%、多家店铺的平均值）。年龄层越小，其比例越高，呈现出较强的浮动倾向（图表 10）。以上结果为关东地区多家店铺的平均值。在以关西地区其他两家连锁店为对象的调查中也出现了几乎相同的结果。各店铺均出现了 4 成到 5 成的顾客更迭。这又说明了什么呢？

图表 10　图表 9 中仅在 2014 年购买过商品的顾客的各年龄层占比（%）

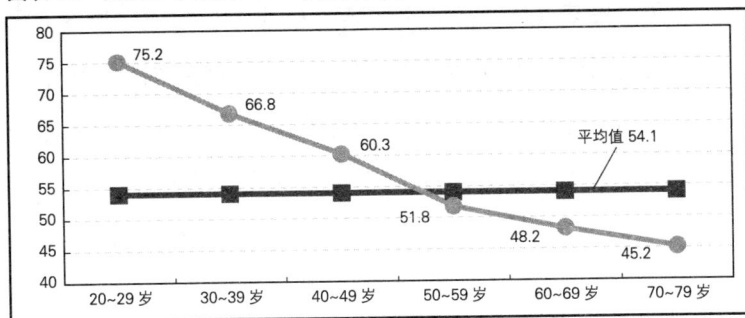

这个结果在销售方的意料之中吗？对于那些已经把握了顾客保持率（与前一年相比）实际情况的人来说，自然不会

图表11　年末一周内各部门每天的总销售额指数（％）

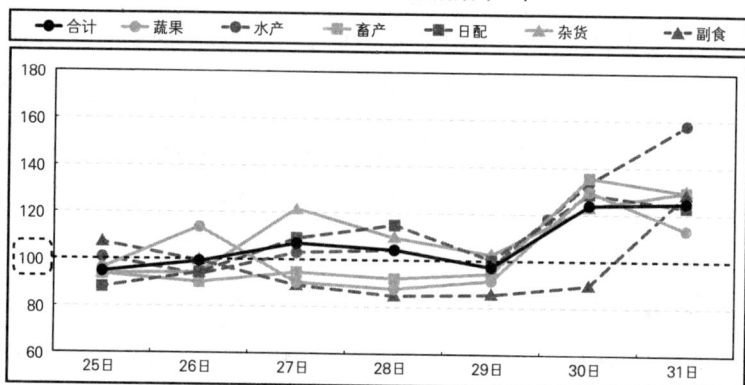

对这个结果感到意外。因为这个数字与保持率的水平相当。然而，对于那些尚未认识到这个事实的人而言，这个结果还是颇让人惊讶的吧。或许也有人认为，一些顾客会提前，即在年末 3 天之前来店，这样一来结果就不算意外了。但是，正月用的食品，尤其是生鲜食品，许多人一般都会在年关时才会购买。**图表 11** 所展示的是某家连锁店在年末一周内各部门每一天的总销售额指数。30 日、31 日的指数急剧上升，其中水产部门的指数在 31 日则达到了顶峰，远远高出其他部门。那些正月用的生鱼片拼盘等豪华菜单，自然是要想法设法让顾客在迫近年关时候来购买，以带动销售额的提升。

有效刺激去年购买者的购买欲是销售额增长的关键

将这个结果与我在本章前半部分提到的常客是年末销售

额的主力军的结论结合来看，又能得出什么信息呢？两个结果乍一看似乎互相矛盾，实际上却有一定的道理。尽管购买年末商品的顾客并非浮动层，而是以常客为中心的固定层，但这些常客并不一定人人都会购买年末商品。

由此可见，对于那些年末销售额指标较高且手头握有顾客数据的 SM 来说，实施有效的目标促销活动也是手段之一。

接下来，我们不妨以冷冻蟹和青鱼子为例来探讨。在 12月 26—31 日的商品销售期间，2013 年、2014 年均有过购买行为的顾客比例很低，前者仅为 15.2%，后者也只有 25.2%（如**图表 12** 中内侧的圆形部分所示）。这个比例与我在前面提到过的立秋前 18 天中的丑日等生活岁时商品的比例（与前一年比较）水平相当。然而，在同一期间来店却未购买商品的顾客比例前者为 71.4%，后者为 75.9%（如图表 12 中外侧的圆形部分所示）。这部分顾客在店铺购买了其他的商品，对冷冻蟹和青鱼子的兴趣却不高。从图表中我们可以看出，尽管 2014 年来店的顾客数量庞大，但他们出于某种理由考虑，并没有购买冷冻蟹和青鱼子。

这其实也说明店铺刺激这类顾客购买欲望的力度不够。可见，进行一些促销活动的检讨是有必要的。只针对单价高的商品进行 DM（direct mail，意为快讯商品广告）促销活动，尽管成本较高，但价值不小。通过向个人手机发送促销信息等也会成为有效的促销手段之一。以前一年的购买者为对象，将一些称为"只针对你的特别优惠"的礼品与促销商

图表 12　在 2013 年购买过冷冻蟹（左图）、青鱼子（右图）的顾客（内侧的圆形部分）以及来店却未购买商品的顾客（外侧的圆形部分）的比例对比（%）

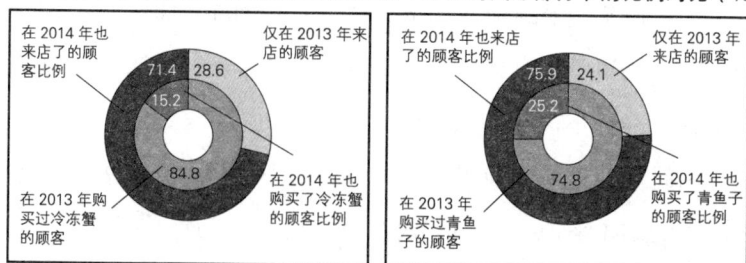

品绑定进行销售以吸引顾客驻足。若能有效提高顾客的停留率，销售额提升的可能性也会随之上升。话虽如此，实际上，即使我们什么都不做，顾客也会自动更迭并保持与前一年相同的购买状态——这种说法或许不太合适，但从数据中我们确实可以得出这样的结论。

因此，通过针对特定目标的促销活动，若能略微（例如5%）提高前一年购买者的停留率，也能完全带动销售额的额外提升。对于包括年末的蟹、和牛、金枪鱼肥肉等在豪华菜单内的高单价商品，通过费用与效果的对比应该也很有可能达成促销。当然，没有平素日积月累地抓住常客的努力，单指望凭借年末的促销来招徕顾客的做法是本末倒置的。

想要在年末招揽大量顾客，平时的经营极其重要——对于这一点我们要有清醒的认识。毋庸置疑，应该优先以此为目标进行各种对策的导入。平素敷衍了事、草率马虎，却奢望在最赚钱的年末顾客盈门、盆满钵满的想法未免太过自私自利。

14. 开拓"PB 商品"的卖场
扩展年轻人支持率高的原创商品
与老年人的应对措施背道而驰

对顾客使用否定性表达是零售界的禁忌。无论是对顾客言辞进行辩驳时使用的转折"但是",还是"无法免费送货"等否定性的表达都是禁忌。同样的意思,使用积极的表达方式——"只要满〇〇日元,我们就可以提供附近免费送货",给顾客留下的印象会更加积极。

然而,追溯到半个多世纪以前,出现过这样一件商品——它将原本应该为零售界禁忌的带有否定意思的"NO"光明正大地冠在了自己的名字上。它就是现在被称为 PB 的商品。

日本食品中最先出现的 PB 商品是橘子罐头,该商品于昭和三十五年(1960 年)问世。它是由当时年销售额仅有 32 亿日元的 SM DAIEI(当时为主妇专用店)发售的。尽管 DAIEI 在第二年也陆续发售了速溶咖啡,但在当时,"PB 商品"这个词并未普及。由于它们并非品牌商品,便直接被称作 No Brand(非品牌)商品。

在那之后,这类商品日渐增多,最终促成了 Saving 商品这种 PB 商品的诞生。而 No Brand 这个名字在零售界似乎并未打出知名度，如今更是极少能听到这样的叫法了。取而代之的是 PB 商品这种称呼——所有由零售方自主开发的商品均可被称作 PB 商品。PB 商品对于生产厂家、零售、消费者任何一方来说都有很大的优势，因而其市场在日益扩大。

在分析顾客数据时发现，在购买特性方面，这类 PB 商品与 NB 商品存在各式各样的差异。

那么 PB 商品与 NB 商品的决定性差异又在何处呢？对于零售而言，PB 商品的优势究竟是什么呢？除了利润率很高或者有价格决定权这些一般意义上的优势外，实际上，通过数据分析我们发现了 PB 独有的、另一个极大的优势。

接下来，我将从生产厂家、零售双方的视角出发，对上述问题以及应该如何评价 PB 商品进行探讨。

年轻人支持率高的 PB 商品

本次主题探讨的对象为 PB 商品中的价格指向型、以 Every Day Low Price（EDLP）为基础的 PB 商品。此外，还会从与 NB 商品比较的视角，主要聚焦全国范围内认知度共通的食品杂货部门的商品进行说明。

图表 1 就是运用前面提到过的 5.1 分类①（各年龄层支持率）评价手法，以某个食品杂货部门的 PB 商品为对象，调查其各年龄层顾客支持的模式以及各年龄层顾客所占的比例。图表 1 所选取的 A 店（图表 1 左）、B 店（图表 1 右）的商品数量分别为 400 件、80 件左右。

图表 1　各支持年龄层的比例（%）

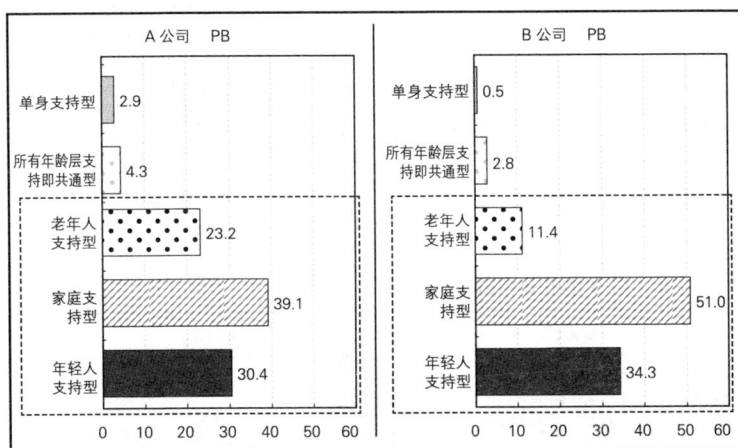

2013 年 9 月 ~2014 年 8 月实际销售情况

　　两家店铺的共同特征为家庭层、年轻人层所占的比例较高。只要对比来看**图表 2** 中对食品部门约 2000 件商品进行5.1 分类的结果便一目了然。

　　实际上，SM 中呈现的一般倾向正如图表 2 所示，家庭

---

　　①　各年龄层的 5.1 分类是根据各年龄层的支持倾向进行的 5 个分类（年轻人支持型、老年人支持型、家庭支持型、单身支持型、所有年龄层支持型），再抽取各自分类中极其显著的例子作为突出型（突出支持型等）并将其算为 0.1 分类，合计称为各年龄层特性 5.1 分类（此为我自己创造出的一种基于年龄层的分析手法）。

层、老年人层支持率高的商品比例相互抗衡，差异不大。与二者相比，年轻人支持型的商品比例相对较低。

然而，只看 PB 商品会发现，多数情况下，年轻人支持型商品的比例远远超过了老年人。这是否意味着很多 PB 商品都是以年轻人群体为对象开发的呢？

图表 2 各支持年龄层的比例（%）
杂货部门

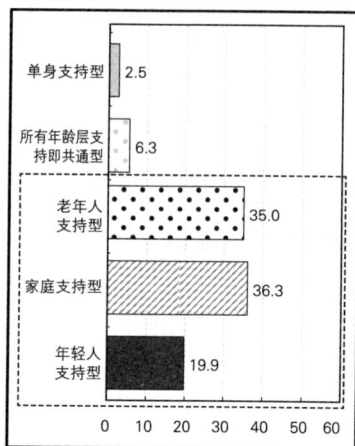

支持类型	比例
单身支持型	2.5
所有年龄层支持即共通型	6.3
老年人支持型	35.0
家庭支持型	36.3
年轻人支持型	19.9

图表 3 5.1 分类下的各年龄层支持率

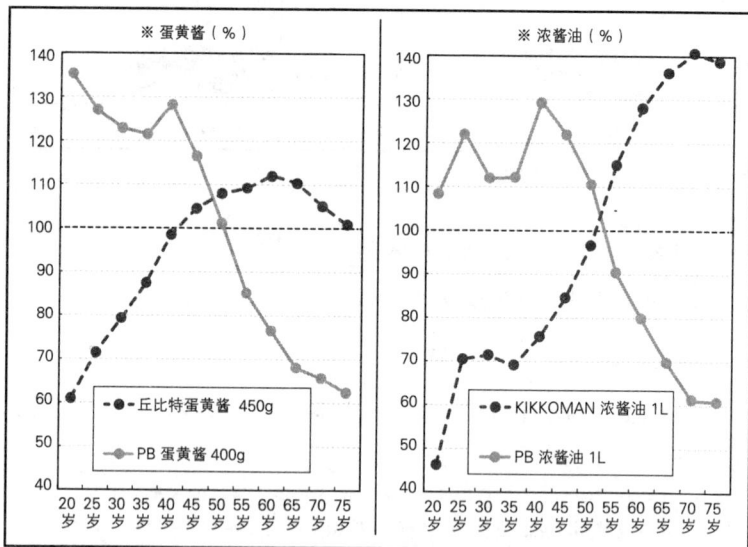

※ 蛋黄酱（%）

- 丘比特蛋黄酱 450g
- PB 蛋黄酱 400g

※ 浓酱油（%）

- KIKKOMAN 浓酱油 1L
- PB 浓酱油 1L

以上各表均为 2013 年 9 月 ~2014 年 8 月的实际销售情况

此外，还存在许多如**图表**3所展示的模式的例子（左为蛋黄酱，右为酱油）。这样的情况我在前面也介绍过，图表中的两条曲线几乎呈现出了完全相反的趋势。从**图表4**中，我们可以看出，PB商品与NB商品，不仅各年龄层的支持率模式相反，回头率呈现出几近完全相反的结果的例子也有很多。

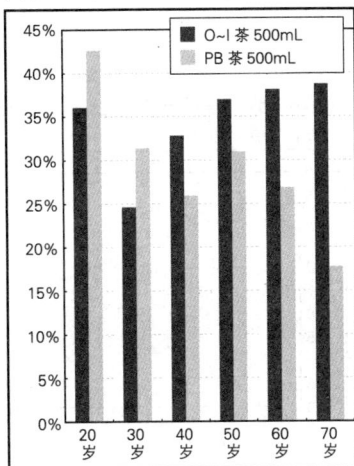

图表4　各年龄层的回头率

从500mL瓶装饮料O~I茶和PB茶的对比可知，尽管在20~30岁（不包括30岁）的年龄层二者差异并不明显，但NB商品呈现出了随着年龄层的增加，回头率也在增加的倾向。与之相对，PB商品则相反，年龄层越低、回头率越高。那么，我们应当如何看待这样的事实呢？

只买PB商品的人群也是以年轻人为主

图表5所展示的是食用油的例子。图表对只购买PB商品且未购买其他所有NB食用油的人群各年龄层的比例进行了调查。如图中呈下降走向的折线所示，年龄层越低，只购买PB商品的人的比例越高。20~29岁与70~79岁两个年龄层的

差异竟超过了 30%。**图表 6** 中酱油的例子也出现了同样的结果。

图表5　食用油购买者中仅购买"PB芥花油 1000mL"的顾客比例（%，各年龄层）

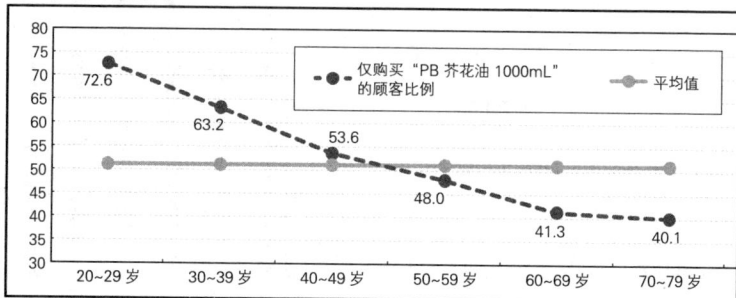

图表 6　1000mL 酱油的购买者中仅购买"PB 酱油 1000mL"的顾客比例（%，各年龄层）

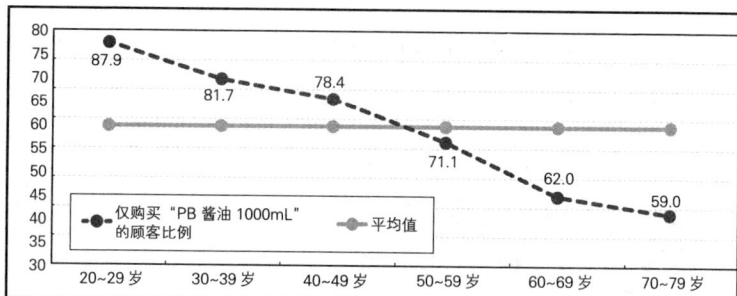

2013 年 9 月 ~2014 年 8 月的实际销售情况

　　除了这里列举的 2 个例子之外，其他多个商品也呈现了几乎相同的倾向。那么，这个事实又意味着什么呢？

　　结合前面提到的 PB 商品中有大量年轻人支持率高的商品这个事实来考虑，年轻人并不像老年人那般执着于 NB 商品，他们有自己独特的嗜好。反过来说，年龄层越高，其对 NB 商品的执着也越强烈的这种老年人层的特性也越来越明显。

　　图表 7 所示的数据便是对上述结论的一个证明。图表 7
以某家零售连锁店为对象，调查了其中销售量靠前的 4 种主
要品牌商品的购买者（商品限定为 500mL 的瓶装茶饮料）不
同年龄层的比例。这里的比例指的是仅购买了上述 4 种品牌
商品，并未购买其他家任何茶饮料的人的比例。由图可见，
从最上段开始由上往下，年轻层所占的比例呈逐渐扩大趋势。

图表 7　未购买其他商品的顾客的各年龄层占比（%）

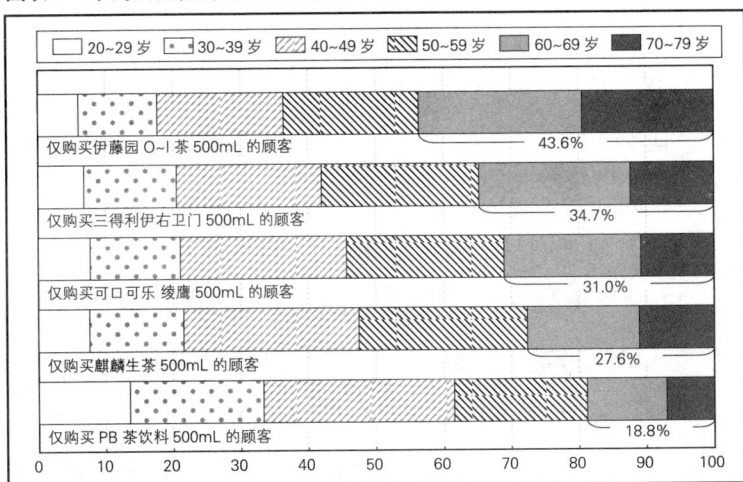

2013 年 9 月 ~2014 年 8 月的实际销售情况

　　其中，年轻人占比最低、老年人占比最高的商品为伊藤
园的 O~I 茶。其次为三得利的伊右卫门茶，可口可乐的绫
鹰、麒麟的生茶紧随其后。年轻人比例最高的最下段的商品
为 PB 商品，这也表示该商品的老年人比例最低。PB 商品中
60~79 岁的比例为 18.8%，与之相对，O~I 茶同年龄层的占

比却有 43.6%。二者的差异达到了 25%。

为什么会有如此大的差异呢？顺便补充下，O~I 茶是在 1990 年发售的。它作为世界首款瓶装（1.5L）茶，领先其他公司 10 年（绿茶中，除去品牌茶，直到 2000 年麒麟的生茶发售为止，都是伊藤园一枝独秀）。正是得益于悠久的历史，才让它得以作为绿茶的品牌广泛深入老年人顾客群的内心，得到他们的青睐。

而在那之后出生的年轻人，自出生起便能够接触到各种厂家的茶饮料。他们对于某个特定商品的品牌意识自然薄弱些。因此，年轻人最终选择 EDLP 提供的 PB 商品自然也不足为奇。因为 PB 商品与品牌商品差不多相同，价格更加优惠。

这个理由应该也适用于茶饮料之外的许多商品。它同样可以解释其他类商品中 NB 与 PB 的年轻人支持率差异大的现象。NB 的历史悠久，越是品牌渗透力强的顶级品牌商品，其老年人的支持率自然越高。但是，这里有个问题。

PB 商品一般以 NB 的主要商品为基准进行开发，按道理来说，他们的目标人群应该是一致的。事实却并非如此——PB 商品各年龄层的支持率模式呈现出了与 NB 商品几近相反的倾向。对于这一点，我们又该如何评价呢？

零售和厂家，谁的利益更大？

图表 8-1 是按照前面叙述的方法调查出来的顾客重合的

情况。主要比较的是前面提到的 4 种 NB 瓶装茶饮料和 PB 商品的重合情况。由图可见，没有购买以上 4 种中任何一种 NB 商品、仅购买了 PB 商品的人达到近 6 成。即使将范围扩大到 4 家以外的所有茶饮料（500mL）商品，如图表 8-2 所示，仅购买 PB 商品的人也占到了一半以上。

图表 8-1　4 种 500mL 绿茶 NB 主要商品以及 PB 商品的购买人数

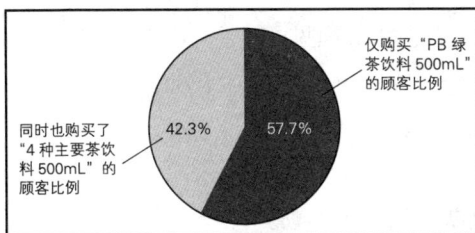

仅购买"PB 绿茶饮料 500mL"的顾客比例

同时也购买了"4 种主要茶饮料 500mL"的顾客比例

42.3%　57.7%

图表 8-2　500mL 绿茶所有 NB 商品（23 种）以及 PB 商品的购买人数

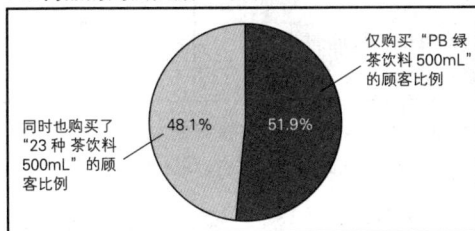

仅购买"PB 绿茶饮料 500mL"的顾客比例

同时也购买了"23 种 茶饮料 500mL"的顾客比例

48.1%　51.9%

2013 年 9 月 ~2014 年 8 月的实际销售情况

　　结合之前顾客数据的结果，我们可以对上述事实进行一个综合判断——一个不同于 NB 购买层的全新需求层正在崛起。从 PB 商品的评价维度来看，当然十分欢迎这种新购买层的开拓。但是，对于零售和厂家而言，究竟谁受到的恩惠、获得的利益更大呢？最后，我们一起来整理下思路。

品牌切换，尤其是从购买竞争对手的商品切换到购买自家商品，对厂家而言自然是好事。但对于零售来说，特别是那些购买件数没有变化的品牌切换，除非从原来的单价低的商品切换到了单价高的商品，否则其对销售额的影响几乎可以忽略不计。然而，如果发生品牌切换的商品是自家的 PB 商品，那就得另当别论了。因为，一般情况下 PB 商品的利润率高于 NB 商品，所以即便其购买件数、销售额没有发生变化，毛利润的增加也是可以预见的。

请看**图表 9**。PB 导入后，对于厂家、零售双方最为有利的模式是 ABC 中的哪一个呢？

图表 9 PBS 商品导入后的评价视角

		PB 开发厂家	零售
A	品牌切换（从其他竞争公司商品切换至 PB 商品）	◎	○
B	"Brand" 切换（从自家商品切换至 PB 商品）	△	○
C	开拓新的购买层	◎	◎

首先来看 A。出于刚刚论述的理由，可以判断 A 对于零售是有利的，评价为○。但对厂家而言，A 相当于是攫取了其他公司的需要，因此评价为◎。再来看 B。对零售来说，B 的情况与 A 一致，评价同样为○。然而，从厂家的立场来说，从自家公司的 NB 商品切换到利润幅度相对较少的 PB 商品的现象应该不太受欢迎吧。零售和厂家双方都能享受最大利益的模式只有 C。只要看看顾客数据我们就会发现，越是势头强劲的 NB 商品，促成新购买层产生的 C 模式的利益越大，

且远远高于 B 的从自家商品切换到 PB 商品的品牌切换模式。

正如我在前面一直强调的那样，C 模式可以有效促进年轻人的购买欲。如果 PB 制造厂家的 NB 商品原本为老年人支持型，而以其为基准开发出来的 PB 商品却获得了年轻人的支持，这个时候，只要不出现大量从自家商品转移到别处的品牌切换，我们都可以认为——比起单独销售 NB 商品，该种模式成功获得了更多年龄层顾客的支持。事实上，这种模式并非少数。除了我在这里介绍的事例外，许多其他商品的顾客数据也得出了同样的结论。

因此，从这里的顾客数据来看，对厂家而言，PB 商品的畅销并不一定会给自家 NB 商品带来不利影响。那些认为 PB 商品会压倒 NB 商品的担忧，很多时候不过是杞人忧天罢了。当然，从毛利润贡献度的角度来说，PB 商品比例的扩大对零售来说也是有利的。对于那些只购买特定 PB 商品的回头客，可以通过备齐这些特定商品吸引他们来店，这样一来，店铺的"有目的购物"① 应该也会增加。

综上所述，尤其是在那些明显以 NB 商品为基准进行开发的食品杂货部门，能够给厂家和零售带来超出预期的双赢局面的正是 PB 商品。然而，另一个课题又浮出了水面。

---

① 有目的购物，指的是以某店铺特有的商品或服务为目的特意来店的行为。该词在零售界等经常被使用。

PB 的过度扩大、NB 的极度短缺与老年人应对措施互相矛盾

对于近来零售界重视老年人顾客群的潮流，在这里无须赘言。但与此同时，不少企业对于 PB 的扩大、应该如何设定 PB 销售额的比例等也十分积极。其中，大型零售公司更是快马加鞭地在扩大包括价格指向型 PB 商品在内的许多其他 PB 商品。

基于我在前面的分析，大家应该能够理解，价格指向型的 PB 商品多数为年轻人支持倾向较强的商品。出于这一点考虑，零售方也有必要认识到"过度"扩大 PB 商品有可能与老年人应对措施背道而驰。

这里提到的"过度"指的是，许多货架上 NB 商品缺货极其严重，造成消费者可选择的商品大幅度减少的现象。过度优先推销自家的 PB 商品，从而导致 NB 商品严重短缺的行为，很有可能使店铺走上与顾客起点完全相反的道路。消费者 4 大权利之一的"选择权"最终是握在消费者手中——这种简单的道理不需要我在此赘述，仅希望大家能将它铭记于心，时刻提醒自己。实际上，顾客数据的作用也在此。它就是在告诉我们这样的道理。

15. "SNS 时代"的尝试消费
ORANGINA 的重度消费者中 80% 的会购买 LEMONGINA

生前曾多次获诺贝尔文学奖提名的安部公房在小说《第四间冰期》的开头部分有过这样的描述。

"肉眼看不到的海水的震动终于发酵成了一场大海啸。它用令人难以置信的波长和七百二十公里的时速从海上不断朝陆地进发。"(《安部公房全集》第9卷,新潮社)

这里提到的波长(相邻两个波峰之间的距离)即很长的波浪,是由海底的地震震动产生。由地震引起的波长的延伸正是海啸的预兆。这一部分的描述足见作者在科学方面的造诣颇深。

实际上,零售界也有类似的情形。短时间内购买者云集的状况好比一场突然来袭的海啸,事先没有任何征兆,让人猝不及防。这种局面让厂家十分为难,因为根本无从预测市场的需求。

最近,商品发售后立刻被迫停售的例子屡见不鲜。不仅如此,还有很多诸如 TossSala、哈根达斯的豪华年糕、三得利的南阿尔卑斯天然水 &YOGURINA、同款 LEMONGINA 等商品，在刚发售不久，销售量便轻松超过了预期。

上述这些事例已经不再是单纯的特例，所以不得不予以重视。接下来，我想尝试通过顾客数据来分析其具体情况，以求弄清来龙去脉。

刻意煽动缺货氛围？

三得利于 2015 年 3 月到 4 月期间相继发售了 LEMONGI-NA 和天然水 &YOGURINA，二者均在发售后不久就停售了。

正因为两款商品同时在极早的时机发表了停售，有人甚至认为这是厂家故意营造缺货氛围，借此煽动顾客的购买欲望。

真的是这样吗？这里我们先通过 LEMONGINA 的例子来详细看下购买的实际情形。**图表 1** 所展示的是 3 家店铺每一天的销售数量占整体销售量的比例。

由图表可见，就在 3 家店铺完成所有备货后的第一天（黑色纵向柱状图），销售量猛增至顶峰。商品的过度畅销，让商家措手不及，导致商品追加延误，在那之后，3 家店铺销量则一路下滑。**图表 2** 以某家零售连锁店的 LEMONGINA 和 ORANGINA（发售后，一直保持着稳定的高销量）这对姐妹商品（在三得利，一般称为衍生商品）为对象，对 LEMONGINA 导入后一个月中相同期间内二者的购买人数进行了比较。

图表 1　LEMONGINA 销售数量（占比）

横轴：以天为单位推移　纵轴：占比（%）

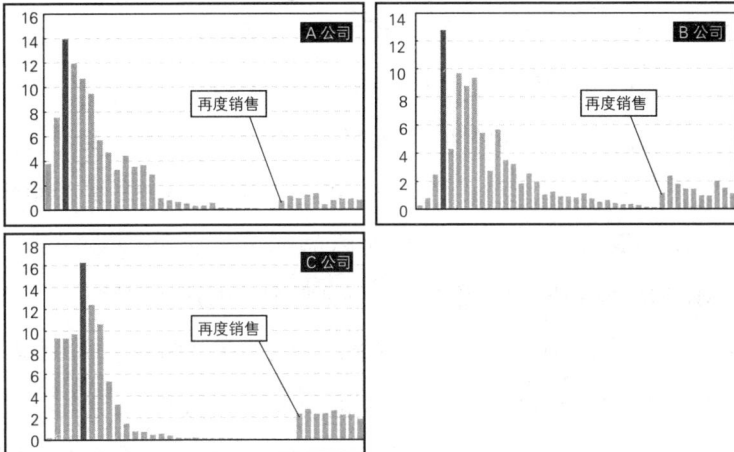

A 公司　再度销售

B 公司　再度销售

C 公司　再度销售

图表 2　LEMONGINA、ORANGINA 购买人数比较

※二者均为 LEMONGINA 发售后一个月内的实际销售情况

ORANGINA 420mL

购买人数 合计　21206 人

	购买频率	对象人数	占比
回头客	每 1 天 1 次	2	0.0
	每 2 天 1 次	14	0.1
	每 3 天 1 次	38	0.2
	每 4 天 1 次	41	0.2
	每 5 天 1 次	91	0.4
	每 6 天 1 次	85	0.4
	每 8 天 1 次	179	0.8
	每 10 天 1 次	332	1.6
	每 13 天 1 次	821	3.9
	每 19 天 1 次	2611	12.3
回头客 合计		4214	19.9
尝试购买者	31 天 1 次	16992	80.1

LEMONGINA 420mL

购买人数 合计　54035 人

	购买频率	对象人数	占比
回头客	每 3 天 1 次	1	0.0
	每 4 天 1 次	1	0.0
	每 5 天 1 次	20	0.0
	每 6 天 1 次	40	0.1
	每 8 天 1 次	91	0.2
	每 10 天 1 次	273	0.5
	每 13 天 1 次	1113	2.1
	每 19 天 1 次	3381	6.3
回头客 合计		4920	9.1
尝试购买者	31 天 1 次	49115	90.9

重度消费者（购买频率 5 天 1 次以上）数量为 186 名

8.5 倍

重度消费者（购买频率 5 天 1 次以上）数量为 22 名

通过图表可知，LEMONGINA 的购买人数超过了 OR-ANGINA 的 2.5 倍。从发售第一天开始算起的两天内，包括其他碳酸饮料在内，一个月的销售金额位列第 8 名。

不仅如此，LEMONGINA 在发售的第二月就超过了连续 10 个月维持在第 1 位的 WILKINSON 碳酸夺得榜首（**图表 3**）。从**图表 4** 所示的销量靠前商品的每周推移中也能看出 LEMONGINA 强劲的销售势头。如此猛烈的销售势头，让人实在看不到任何故意煽动缺货氛围的必要。原本，新商品、话题商品的新鲜度就会随着时间的推移而逐渐消失。

图表 3 碳酸饮料销量 TOP3 的推移　　　　　　　销售月左侧为发售前的月数

	−10 月	−9 月	−8 月	−7 月	−6 月	−5 月	−4 月	−3 月	−2 月	−1 月	销售月	2 月
ORANGINA 420mL	1	2	2	2	2	2	7	3	7	3	2	3
可口可乐 500mL	3	3	3	3	3	3	2	2	2	2	3	4
可口可乐 1.5L	6	5	6	4	5	5	4	4	3	4	5	8
可口可乐 ZERO 500mL	4	4	4	5	4	8	3	5	4	6	6	5
Wilkinson 碳酸 500mL	2	1	1	1	1	1	1	1	1	1	1	2
LEMONGINA 420mL	–	–	–	–	–	–	–	–	–	–	8	1

因此，趁着尝试购买者的热情还未冷却，尽可能多地将商品销售出去的做法对企业而言更有利。由于缺货所造成的机会损失，永远不可能在再次供货后得到弥补。若商家还对此心存某种幻想，则无异于天方夜谭。

事实上，从图表 1 中可知，再次销售后，暂且不论其发货数量的问题，很明显销量远不及发售时。在无法保证稳定供货的情况下就将商品陈列至货架的零售方也要承担相应的责任。

图表 4　销售 TOP10 的商品总销量比较

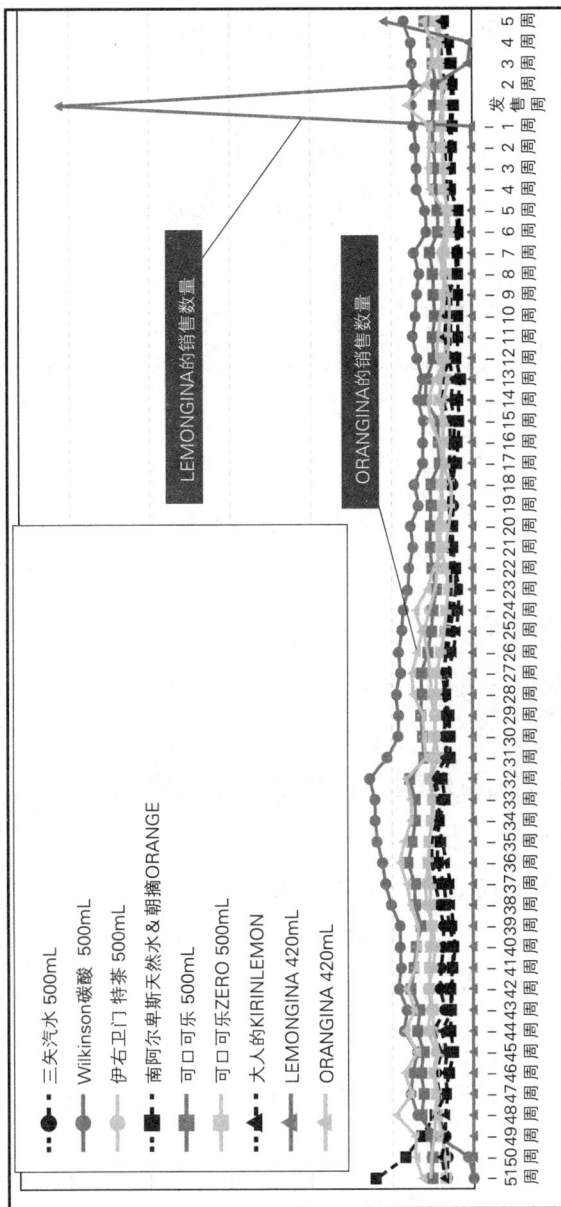

图例：
- 三矢汽水 500mL
- Wilkinson碳酸 500mL
- 伊右卫门 特茶 500mL
- 南阿尔卑斯天然水＆朝摘ORANGE
- 可口可乐 500mL
- 可口可乐ZERO 500mL
- 大人的KIRINLEMON
- LEMONGINA 420mL
- ORANGINA 420mL

LEMONGINA的销售数量

ORANGINA的销售数量

図表 5 与其他新发售商品的比较

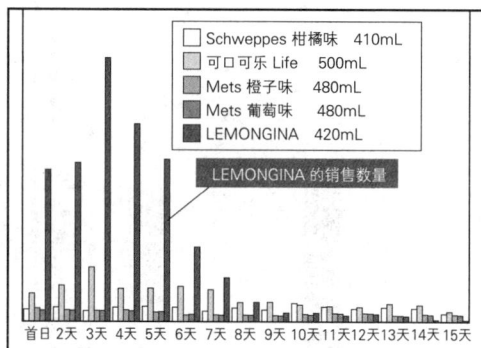

所以我认为，"销量远远超过了预期"的说法更自然些。
将 LEMONGINA 与相近时期新发售的可口可乐 Life 和麒麟的
Mets 等发售后 15 天内的销量进行比较也可以发现，LEMON-
GINA 在刚刚发售时的销量高度集中（见**图表** 5，取所有店铺
的平均值，即每个店铺每一天的实际销量）。

回头客，尤其是重度消费者的比例极其重要

再来看图表 2。LEMONGINA 由于出现爆发式增长，销
量远远超过了原有商品 ORANGINA，但正因为是新商品，
购买者中的 90% 都是期间只购买了一次的尝试购买者。

尽管二者在销量上的差异达到了 2.5 倍之多，但期间内
重复购买的回头客数量却差异不大（LEMONGINA 共计
4920 人，ORANGINA 共计 4214 人）。这一点足以证明 OR-
ANGINA 人气非同一般。再将目光聚焦到每 5 天至少购买 1

次的重度消费者，ORANGINA 的重度消费者数量竟有 LEMONGINA 的 8.5 倍之多。

LEMONGINA 确实成功地确保了绝大多数尝试购买者，但要想长期、稳定地维持超市里的那些货架，其关键在于今后能增加多少重度消费者。

新发售时反响再大的商品，一旦没法维持长期的回头客，甚至是重度消费者，最终都逃不了从货架上消失的命运。

那么，那些意料之外的被迫停售的事态又为何会发生呢？三得利对此进行过说明，并将其原因归结为网络的普及。它认为，正是网络的普及导致对需求的预测变得十分困难。

LEMONGINA 每个月的销量是以 ORANGINA 的实际销售数据为基础进行预测的，但 LEMONGINA 出现了始料未及的销售势头。新商品通过网络、SNS（Social Network Service）以前所未有的速度被传播，知名度、支持率迅速扩大也是不可否认的事实吧。

这不禁让我想起了所谓的爆发点——价格弹性值高的商品，一旦价格下降至某个水准以下，销量便会出现爆发式增长。这里的爆发点，其关键在于价格，事实上，同样的现象——与上述爆发点不同，该现象的关键在于网络普及伴随的信息扩散水平——也正在悄然出现。换言之，另一种爆发点诞生了。

这种爆发点可以促成许多被称为"等待时机购买"（后面称为尝试购买者后备军）的顾客的诞生。这群顾客，不仅具备想要早点尝试新商品的动机，还想尽可能比其他人更早地尝试并将尝试后的感想分享到 SNS 等社交网站。这种网络世界特有的现象也为发售后短时间内销量猛增提供了一臂之力。

不得不说，食品界也出现了相同的现象——在新商品发售前一天便开始排队等待购买商品。

获得了 ORANGINA 80%的重度消费者

图表 6 所展示的是 25000 名购买过 LEMONGINA 的顾客在过去 3 年间对销量靠前的碳酸饮料的购买情况。

由图可见，在过去的 3 年间，每种饮料的购买者比例几乎均为 20% 左右。其中，只有 ORANGINA 的情况不同，购买者竟达到了近 50%，与其他商品形成了鲜明的对比。对于姐妹商品，多数人还是抱有不妨一试的意愿吧。

再将焦点放到购买 LEMONGINA 达 5 次以上（1 个月）的 252 名重度消费者身上，发现其中购买过 ORANGINA 的顾客比例竟达到了近 80%。由此可以认为，原有商品的人气越高、越能持续维持高的销售额，其姐妹商品发售时的尝试购买者也越多。

爆发式销量增长的导火索是 40~59 岁人群

图表 7 的上段所展示的是饮料各子分类下购买者的年龄

图表6 LEMONGINA 的购买者在过去 3 年间购买销量靠前的碳酸饮料的情况

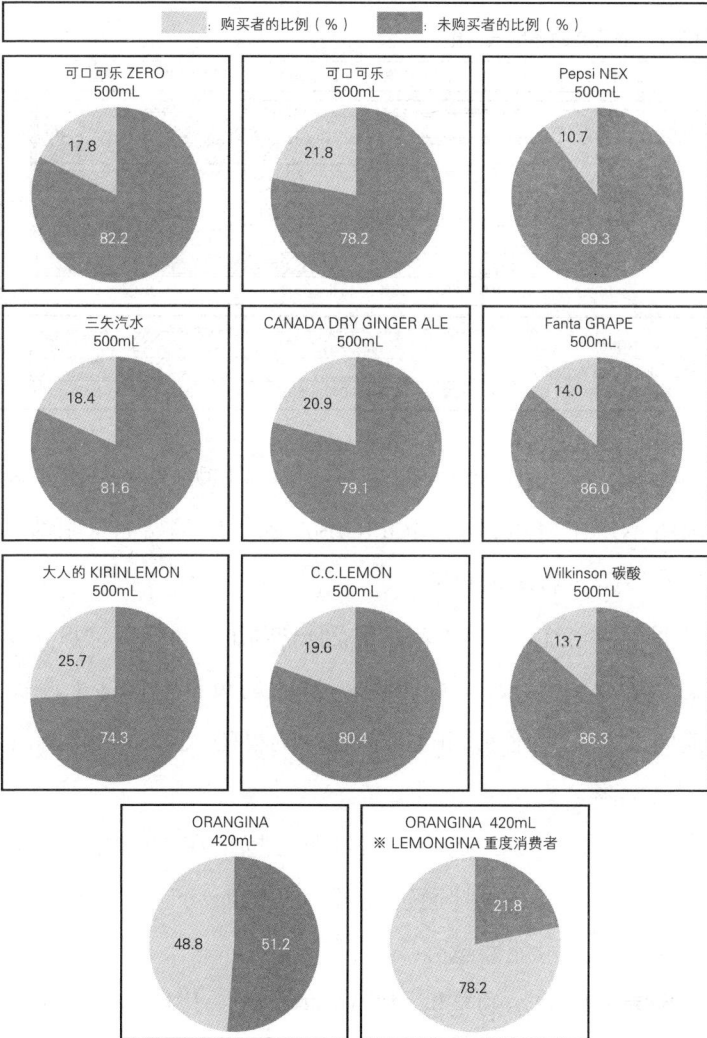

| : 购买者的比例（%） | : 未购买者的比例（%） |

可口可乐 ZERO
500mL
17.8
82.2

可口可乐
500mL
21.8
78.2

Pepsi NEX
500mL
10.7
89.3

三矢汽水
500mL
18.4
81.6

CANADA DRY GINGER ALE
500mL
20.9
79.1

Fanta GRAPE
500mL
14.0
86.0

大人的 KIRINLEMON
500mL
25.7
74.3

C.C.LEMON
500mL
19.6
80.4

Wilkinson 碳酸
500mL
13.7
86.3

ORANGINA
420mL
48.8
51.2

ORANGINA 420mL
※ LEMONGINA 重度消费者
21.8
78.2

层构成。与其他饮料相比，碳酸饮料的老年人占比原本偏低，
其中 LEMONGINA 的老年人比例（60 ~ 79 岁）更是极其

低下。

图表 7　购买者的年龄层占比

| □ 20 岁 | ▭ 30 岁 | ▨ 40 岁 | ▧ 50 岁 | ▦ 60 岁 | ■ 70 岁 |

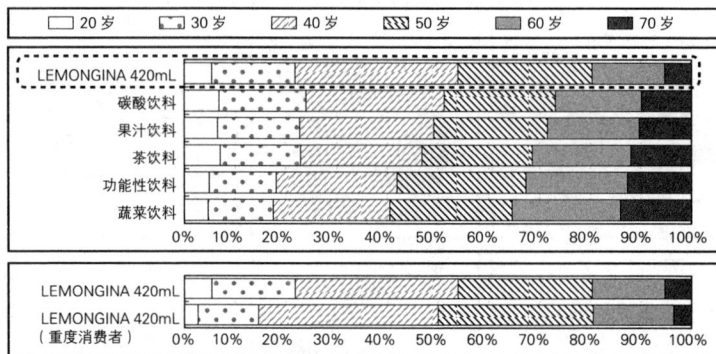

相反，所占比例较大的是 40~59 岁的购买者。由图表 7 下段所示，在聚焦到 LEMONGINA 的重度消费者之后发现，40~59 岁购买者比例更大。

老年人这个群体中或许不乏一些精通网络、SNS 的人，但他们毕竟是少数派。而 40~59 岁的购买者中包括了许多代替老年人、尤其是他们的孩子进行购物的人群，因此所占的比例自然高。

考虑到这一点，我们可以推测，越是在年轻人层、家庭层中受欢迎的商品，其通过刺激"伺机而动"人群实现爆发式销量增长的可能性越高。

图表 8 所展示的是与 LEMONGINA 一样沦落到停售下场的味之素的粉末类沙拉调料 TossSala、哈根达斯的豪华年糕 Cup Ice、三得利的饮料 YOGURINA3 款商品的各年龄层占比。

图表 8　购买者的年龄层占比

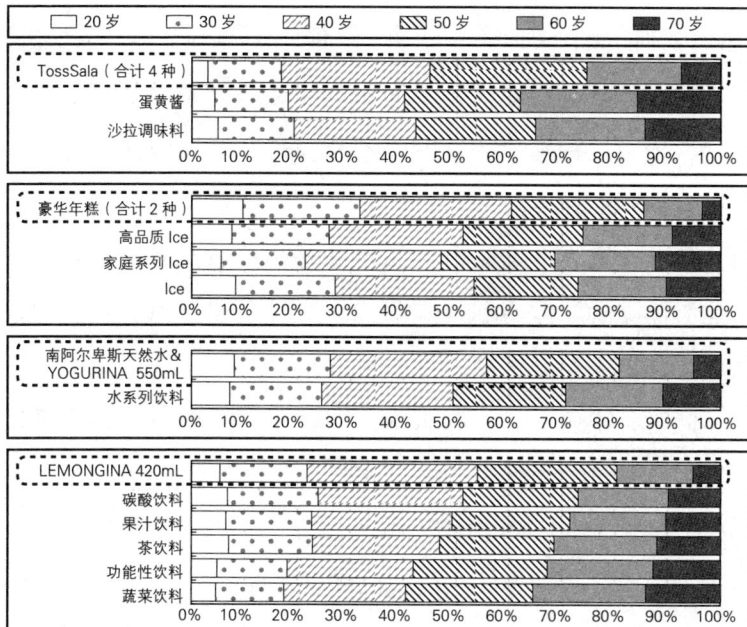

| □ 20 岁 | ⊡ 30 岁 | ▨ 40 岁 | ▧ 50 岁 | ▦ 60 岁 | ■ 70 岁 |

TossSala（合计 4 种）
蛋黄酱
沙拉调味料
0%　10%　20%　30%　40%　50%　60%　70%　80%　90%　100%

豪华年糕（合计 2 种）
高品质 Ice
家庭系列 Ice
Ice
0%　10%　20%　30%　40%　50%　60%　70%　80%　90%　100%

南阿尔卑斯天然水 &
YOGURINA 550mL
水系列饮料
0%　10%　20%　30%　40%　50%　60%　70%　80%　90%　100%

LEMONGINA 420mL
碳酸饮料
果汁饮料
茶饮料
功能性饮料
蔬菜饮料
0%　10%　20%　30%　40%　50%　60%　70%　80%　90%　100%

它们的共同点在于，老年人的占比远低于子分类下的平均水平。

与之相对，40～59 岁这个年龄层的比例却很高，而冰豪华年糕中，30～39 岁的比例也在不断增加。

在网络上发言的人，其购买情况无从知晓

在过去以及包括上述事例在内的停售的人气商品有以下两个共同点。其一是它们的组合都出人意料。例如，Cup Ice 和年糕、乳酸菌发酵和天然水、微碳酸和 10% 果汁等。

其二是它们都在原有思路的延长线之外寻找到了全新的切入口。例如非液体的沙拉调料、能吃的辣油、杯装米饭等。每一件商品都成功地勾起了人们对味道的好奇以及想尝鲜的强烈欲望，这种感情通过网络不断发酵，短期内便营造了一个十分热闹的环境。

然而，顾客数据分析的结果却是另一种风景。不过，只要这类商品的原型商品十分明确，便可以通过抓住其重度消费者的比例来对其销量进行预测。

此时，不仅要关注回头率，同时还有必要注意显示重度消费者比例的金额回头率①。此外，若商品还包括另一个要素——以小于 50~59 岁的人群为目标，那么在预测销量时则要更加慎重，这一点我在前面已经讲述过。

想要通过原有商品过去的实际情况或者趋势等，对上述这类商品的销量进行预测可谓难如登天。正如三得利曾经指出的那样，厂家今后确实应该致力于通过提升 SNS 等的分析技能以实现更精准的预测。但我并不认为预测的精度能够提升到我们所期待的那般高。因此，更重要的应该是零售和厂家通过共同努力、准确地收集并分析顾客的声音，开发出能够更加反映顾客心声的商品。

即便仍难逃停售商品不断增加的厄运，也要有勇气把它

---

① 回头率指的是包括尝试购买者在内的所有购买者中，重复购买人数所占的比例（人的比例）。金额回头率则指的是所有购买者的购买金额中重复购买者的购买金额所占的比例。因此，重度消费者越多，金额重复的比例也会越高。

看作"可以包容的伤疤"。网络分析的局限在于，我们并不能确定声音所有者的购买状态。举个极端的例子，在LEM-ONGINA的改善活动中，我们却收集了大量可口可乐粉丝的声音——毕竟这种可能性也是有的。

使用零售所持有的顾客数据，可以聚焦重度消费者并对其进行分组。此外，还可以对那些没有购买过商品的人群进行分组，并将其与重度消费者进行比较分析。

正确划分群组，有针对性地听取目标顾客的声音，尽可能避免张冠李戴，才是我们应该做的。因预测失误而导致停售并不可怕，真正应该害怕的是因分析错误而导致开发出来的商品未能真正契合消费者的需求。

第 **4** 章

商品购买者的科学化

16. "熟牛肉"和"爱吃肉的老年人"
菲力牛排平常也不可少

世界上第一个吃海参的人真有勇气——我想不少人都会这么感慨吧。但我在某本书上看到了如下记载：在古代，人类会吃下所有能入口的东西。后来，随着不断的进化，才慢慢不再去吃那些危险的、难吃的东西。从这个角度来说，与其去感慨第一个吃海参的人的勇气，不如换一种思路——海参正因为美味，才避免被淘汰，从而得以保留到了今天。

我还在书上看到了下面这段话。从一开始人类只能吃到与自己体力相匹配的食物。年轻的时候，充沛的体力足以追赶、捕获野兽，因此食物主要以肉类为主。随着年纪的增加，体力逐渐衰退，便只能在河里捕鱼以果腹。伴随着年龄的变化，饮食结构也发生了变化，很自然地从肉类转向了鱼类。

上述的记载与开头部分的说法都很新鲜，让我印象深刻。但不得不说，与前者相比，后者显得有些缺乏说服力。因为我的身边充斥着这样的论调——越是老年人越爱吃肉，而且实际上越经常吃肉的老年人越长寿。如果这个说法是真实的，那么就有必要从各个角度去对 SM 中老年人购买肉类商品的情况进行验证了。

上了年纪之后，生活方式自然也会发生变化。不再受工作和孩子的牵绊，平时以及周末的日子也变得多样起来。今后这样一批老年人还会继续增加已成了不争的事实。然而，纵观各大 SM 的货品陈列、商品不难发现，仍有许多 SM 墨守成规，不肯从十几年前的老旧思维中挣脱出来。畜产部门的精选食材，仍旧只在周末或者节假日才会摆放出来的 SM 就是其中一个例子。

在这里，我将对喜欢肉类的老年人的购买情况进行梳理、明确。同时思考下以老年人为目标的畜产部门的正确存在方式。

迎合老年人嗜好的熟牛排

熟牛排（熟成牛肉）在 SM 中出现的频率越来越高。它在畜产部门所占的比例虽然极低，却颇受爱吃肉的老年人的喜爱。因为不同于夹有脂肪的牛肉，熟牛排更能发挥出瘦肉的美味。

图表 1 是以某家连锁店寿喜锅用的切片牛肉（熟牛排中最受欢迎的商品）为例，对其半年间的尝试购买者、回头客的比例进行调查的结果。

由图表可见，尝试购买者中 60 岁以上的老年人占到了一半左右。在回头客中，其比例甚至达到了 60% 以上。仅 70~79 岁的回头客比例实际上已经差不多等同于 40~49 岁、50~59 岁二者之和。熟牛排这款商品同时满足了老年人的 3 个关

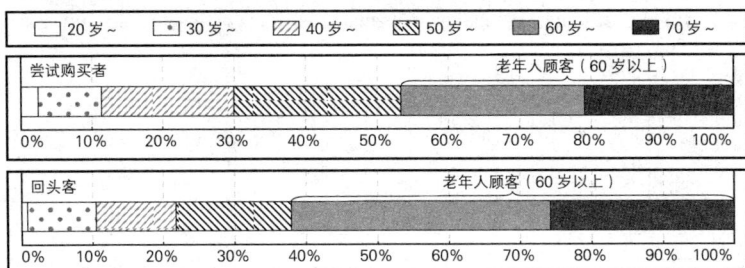

图表 1　寿喜锅用的切片熟牛肉（小容量包装）的消费者年龄层占比（上方为
尝试购买者，下方为回头客）

键需求——质量上乘、对身体有益、可少量购买。

同样地，**图表 2** 试着对另一款也同时满足上述 3 个关键
需求的人气商品进行了调查。图表通过矩阵图分析了该商品
的所有购买者的购买频率、年代分布等。该商品就是一个季
度销售了 1 万盒以上的黑毛和牛的菲力牛排（小容量包装）。
图表的纵列为购买频率、横向为年代。

图表呈现出的增长趋势一目了然。其中频率最高的为每
8 天一次，共计有 3 名顾客。年龄都在 65 岁以上，此外还有
1 名 75 岁以上。每 11 天到 13 天 1 次的重度消费者几乎全为
70~79 岁老年人。

若将每月购买 2 次以上的顾客（即为每 16 天购买 1 次以
上的顾客）定义为重度消费者，那么所有重度消费者就都变
成了老年人（图表 2 中虚线圈出的部分）。

对于包括熟成牛肉在内的高级肉类商品，经济相对宽裕
的老年人的购买比例原本就高。尽管这个事实不容否认，但
当实际数据向我们展示许多高频购买者为老年人时，我们不

图表 2　菲力牛排 S 号包装，3431 名顾客的购买频率（占比 %）

购买频率	对象人数	占比	20岁~	25岁~	30岁~	35岁~	40岁~	45岁~	50岁~	55岁~	60岁~	65岁~	70岁~	75岁~
每8天一次	3人	0.1	0	0	0	0	0	0	0	0	0	1	1	1
每11天一次	1人	0.0	0	0	0	0	0	0	0	0	0	0	1	0
每12天一次	2人	0.1	0	0	0	0	0	0	0	1	0	0	1	0
每13天一次	1人	0.0	0	0	0	0	0	0	0	0	0	0	1	0
每14天一次	3人	0.1	0	0	0	0	0	0	0	1	1	0	0	1
每15天一次	3人	0.1	0	0	0	0	0	0	0	0	0	1	1	1
每16天一次	5人	0.1	0	0	0	0	0	0	0	1	1	2	1	1
每18天一次	4人	0.1	0	0	0	0	0	0	1	0	0	1	1	0
每20天一次	6人	0.2	0	0	0	0	0	0	1	0	1	0	1	3
每23天一次	8人	0.2	0	0	0	0	0	0	1	1	2	2	2	0
每26天一次	12人	0.3	0	0	0	0	0	1	1	3	1	2	3	0
每30天一次	19人	0.6	0	0	0	0	0	1	3	4	4	2	1	3
每36天一次	31人	0.9	0	0	0	0	0	2	2	6	2	9	6	4
每45天一次	63人	1.8	0	0	0	1	5	4	5	7	21	9	6	5
每60天一次	137人	4.0	0	1	3	2	5	10	15	16	22	22	17	14
每91天一次	412人	12.0	0	3	9	10	23	33	47	52	65	71	48	51
每181天一次	2721人	79.3	8	33	51	106	175	241	311	355	386	421	352	282

得不重新审视一个现实——我们对爱吃肉的老年人所采取的措施是否妥当。尤其是每一天、不同时间段的货物陈列，都需要从根本上进行重新审视。接下来我将介绍的这个例子可以说是当务之急。

"这个商品平日不好卖" ——做这个判断的是谁?

图表 3 是将黑毛和牛的菲力牛排小容量包装的销量指数（半年间）按照平日和周末进行区分，并与畜产部门的指数进行比较的结果。

由图可见，畜产部门的销量指数在平日和周末并未出现明显差异。由此很容易推测其为一般的 SM。

図表3　菲力牛排以及畜产部门的销售指数 (%)、与销售额为零的店铺比例 (%)

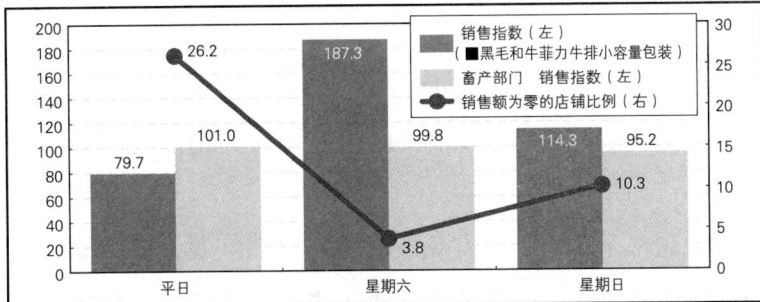

图例：
- 销售指数（左）（■黑毛和牛菲力牛排小容量包装）
- 畜产部门　销售指数（左）
- 销售额为零的店铺比例（右）

数据标注：
- 平日：销售指数 79.7、畜产部门 101.0、销售额为零的店铺比例 26.2
- 星期六：销售指数 187.3、畜产部门 99.8、销售额为零的店铺比例 3.8
- 星期日：销售指数 114.3、畜产部门 95.2、销售额为零的店铺比例 10.3

　　菲力牛排平日和周末的销量指数却差异显著。其中周六的高指数更是异常。究竟是什么导致了如此明显的差异呢？

　　实际上，后者包含了许多平日销量不佳的店铺。图表3的折线所展示的是每一天销量为0的店铺占所有店铺的比例。平日中，有大约30%的店铺的销量为0。

　　相反，周六几乎所有店铺都实现了一定的销量增长。我想这大概是因为许多下列店铺的存在吧——这些店铺只在周六陈列某些商品，并在周六、周日两天内清货，平日则没有相关商品出售。

　　那么，为什么会有那么多店铺避免在平日陈列某些商品呢？只要去问卖场负责人，你一定会得到这样的答案——"之前在平日陈列过这些商品，但卖不出去"。对于这样的回答，我们自然不能一带而过。因为，销售的期间、规格（容量等）、宣传方式不同，其结果自然也会大相径庭。

　　店铺若想培养前面图表2中那样的重度消费者，就必须让顾客意识到店铺即使在平日也有齐全的商品可以挑选。平时缺货的期间越长越容易让顾客产生"平日没有这些东西"的印象。

要颠覆顾客已经产生的印象，要花些时间。因此，只在短期内陈列某些商品，却以一时没有销量为由而判断其没有需求的行为是十分草率的。

说起来又回到了先有鸡还是先有蛋的问题，前面提到的重度消费者全部都选择了那些平日也有齐全商品的店铺进行消费。对于今后队伍越来越庞大的老年人层、银发层，特意区分出周末和平日进行销售是否真的有必要呢？

图表 4-1 所展示的是前面提到的菲力牛排的重度消费者

图表4-1 一星期中不同天分的购买件数　　**图表4-2 不同时间段的购买件数**

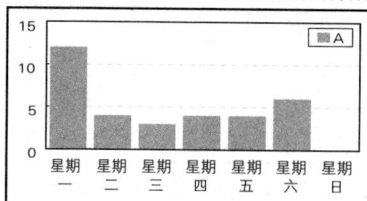

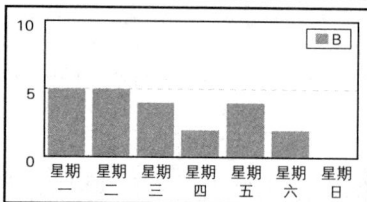

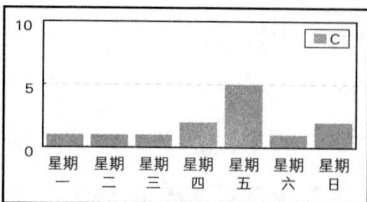

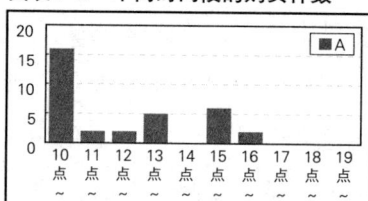

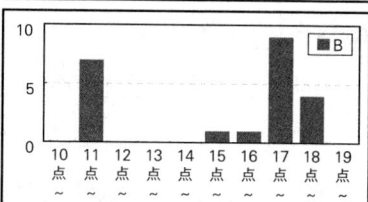

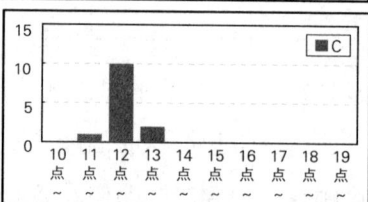

（每 8 天 1 次）中的前 3 位顾客每一天的购买件数。3 人的购买都集中在周末之外的时间。图表 4-2 所展示的是各个时间段的购买件数。由图表所示，A、C 主要集中在上午。

柜台只陈列选项较少的小容量是不行的

图表 5 所展示的是菲力牛排不同时间段、不同年龄层的购买者所占的比例。11～12 点，60 岁以上老年人比例实际上达到了近 8 成。同样，图表 6 所展示的是畜产部门占的比例。对比可以发现一个显著特征，即在所有时间段中，菲力牛排购买者的年纪都高于畜产部门的购买者。

此外，高年龄层顾客在上午来店的倾向十分强烈。事实上，即使没有图表 6 的展示，这一点也是每一个与零售相关的人都知道的事实。然而，让人不解的是，尽管这个事实众所周知，但在实际的作业安排时这一点并未得到体现的例子比比皆是。

对于在店内制作商品并进行销售的店铺而言，能在店铺开门的同时 100% 完成货物摆放的情况实属少数，但至少在作业时会对陈列在卖场的商品按照优先级进行先后排序。此时，那些高龄顾客喜欢的商品，例如前面提到的黑毛和牛的菲力牛排和熟牛肉等，等级稍高的商品、小容量包装商品等，这些老年人所需要的商品优先级原本应该很高，但事实上，不少店铺并没有这么做。

图表5　菲力牛排的消费者、时间段、年龄层占比（%）

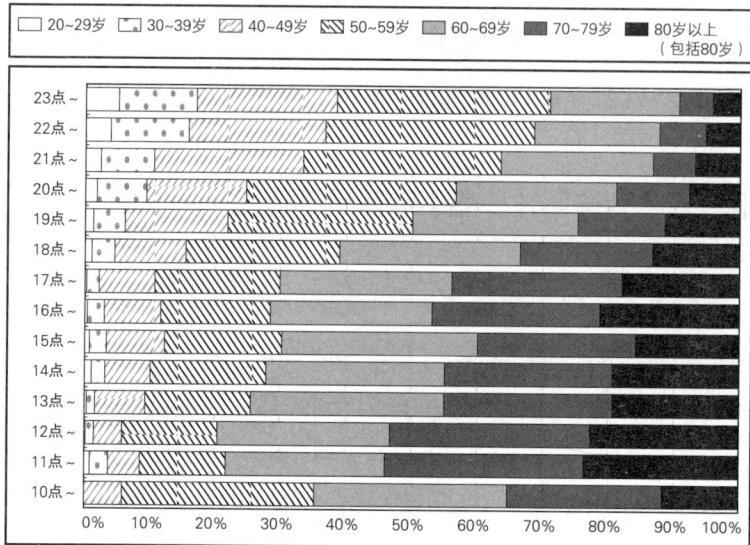

□ 20~29岁　□ 30~39岁　▨ 40~49岁　▨ 50~59岁　▨ 60~69岁　■ 70~79岁　■ 80岁以上
（包括80岁）

图表6　畜产部门的消费者、时间段、年龄层占比（%）

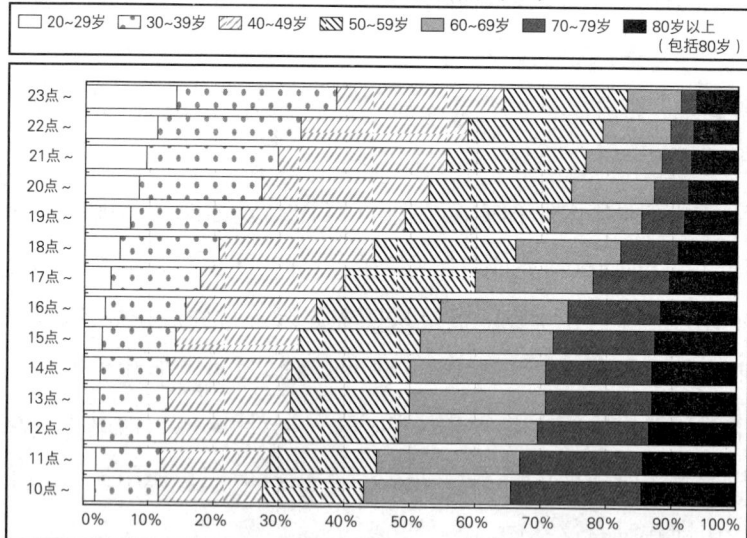

□ 20~29岁　□ 30~39岁　▨ 40~49岁　▨ 50~59岁　▨ 60~69岁　■ 70~79岁　■ 80岁以上
（包括80岁）

此外，偶尔还能见到这样的店铺——特意开设少量包装的柜台，专门用来集中销售规格小的商品。遗憾的是，不少店铺的柜台，商品种类稀少，整个卖场一副贫瘠不堪的样子。尤其是在店铺刚开门不久的时间段，上述倾向十分强烈。例如，有顾客想买牛排，所以更希望在种类丰富的柜台中去挑选喜欢的肉质、合适容量的商品。然而，让人遗憾的是，店铺所提供的与顾客所期待的，往往存在很大差距的现象仍大量存在。

鱼、肉的购买率，在 40~49 岁人群中实现了逆转

大家是否留意到，几乎所有 SM，其畜产部门和水产部门的购买率[①]，都会以某个年龄层为界，出现逆转现象。在年轻人中，畜产部门的购买率常常超过水产部门。然而，随着年龄的增长，不同公司、不同店铺尽管情况不一，但水产部门的购买率都出现了增长趋势，并最终超过了畜产部门。而且，年龄层越高，两个部门购买率的差异越大。

图表 7 所展示的是 3 家公司中水产部门和畜产部门不同年龄层的购买率（一年间）。其中 A 公司的生鲜部门较强势，水产和畜产两个部门的购买率均远远高于其他两家。但以

---

① 所谓购买率指的是，在一定期间（原则上为一个月）内，特定部门的购买者数量占所有购买人数的比例。以下为计算的例子。畜产部门的购买人数（6000人）÷所有购买人数（10000人）×100%＝畜产部门的购买率（60%）

40～49 岁这个年龄层为界，畜产和水产部门出现了逆转，其后两部门差异逐渐扩大。B公司情况相同。只有 C 公司是在 50～59 岁这个年龄层出现了逆转，其后两部门的差异也不如 AB 两家那般突出。但年龄层越高，水产的购买频率越高（购买率上升=购买频率的上升）这一点以及水产最终超过畜产等都与其他两家相同。

实际上，图表 7 所展示的结果与我之前以同样方式调查过的水产、畜产部门的购买率倾向稍微有些出入。在之前的调查中，畜产部门的购买率正如 A 公司的情况所示，年龄层越高，其比例相应地呈现出了极其明显的下降趋势。而 B 公司、C 公司的情况不同。尽管它们在 40～49 岁这个年龄层出现了

图表7　三家公司的畜产部门、水产部门商品的分年龄层购买率（%）

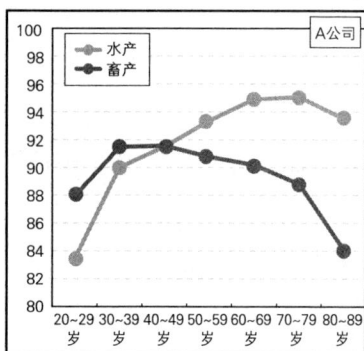

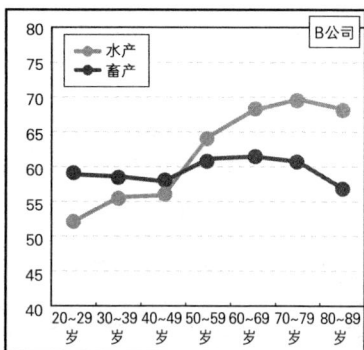

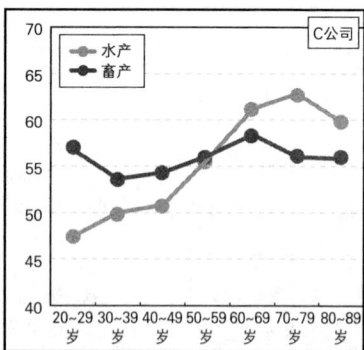

逆转，畜产开始低于水产，但其后畜产部门的购买率本身并没有随着年龄层的增长出现很大的变化，均维持着一定的倾向。

换言之，在 B 公司、C 公司，年龄层越高，购买的频率并没有随之下降。

关于肉的 "新常识" ——发掘新的增长空间

这个结果与老年人爱吃肉这个基于多个问卷调查及数据的最近发现并不矛盾。事实上，在如今的饮食环境下，若真出现了诸如 A 公司那样的随着年龄的增加购买率反而下降的情况，那反倒给畜产部门敲响了警钟——促使他们对备货、操作的各个环节进行仔细清查。

说起肉，其消极的也就是不好的地方，真是不胜枚举。例如：①肉没有鱼健康。②吃猪肉根本没法减肥。③比起红肉，有纹理的牛肉更高级、更美味等。

关于①，一般认为鱼和肉的平衡摄入更有利于健康长寿。对于②，众所周知，猪肉中含有大量的脂肪酸，可以有效降低胆固醇，因此反而更适合减肥。此外，关于③也是，除了带有纹理的高级品之外，美味且健康的红肉熟牛肉尽管价格不菲，但也日益受到关注。

"肉＝老年人应该避免摄入" 的说法纯属无稽之谈。时至今日，这个认识应该深入人心了。这对畜产部门而言，无疑也是一个商机。

　　廉价处理、二次加工等因生鲜商品的特有性质而导致的这些现象自然是无能为力的。不过，对于多数顾客所追求的商品时有时无的现象倒是可以有所改善，以达到提高顾客满意度的目的。当下，消费者对于肉的认识正在发生巨大变化，许多店铺却未能跟上这股变化的潮流，导致未能真正抓住顾客的本质需求，尤其是爱吃肉的老年人的需求等。

　　增长空间应该还有很多。若能好好抓住这些空间，或许在不久的将来，水产和畜产的购买率甚至会不再相交。如果说日本人长寿的原因之一是在于我们能够均衡摄入肉类和其他食品，那么我倒认为水产和畜产平行发展也不是完全不可能。您怎么看呢？

17. 免洗米和"40 多岁的中年人"
被老年人无视的 2 合①装免洗米

我从朋友那里听说过这么一件事。邻居们聚在一起商量纳凉大会的事情。就在负责人叮嘱大家要把洗好的米带过去的时候,一名 60 多岁的男士突然提问:"能不能解释下什么是洗米?"

聚会的人群一时有些摸不着头脑。

大概是因为大家从没有想过,居然还有人不知道什么是洗米吧。就算自己没有亲自洗过,也不至于完全不知道吧。提问的是一个 60 多岁的人,这更让人匪夷所思。

一个大人居然会问这样的问题,确实让人吃惊。不过,在不久的将来,或许会有越来越多这样的男性。

因为我们不能轻易否定有这样的可能——洗米这个习惯或许很快就会在家庭生活中消失。

也有相关顾客数据统计,但在分析之前,我想先来看看当下的 SM 都是以怎样的方式在销售大米。

---

① 容量单位,1 合相当于 1 升的十分之一。

免洗米、小容量……大米销售形态的 2 种趋势

购买大米的方式多种多样，既可以在专卖店、SM 购买，也可以通过便利店或网上购买，甚至可以通过网络直接跟农家购买。大米批发、零售几乎完全自由化之后，这些事情看起来理所当然。但实际上就在不久前，人们经历的却是另一个完全不同的时代。

2004 年日本粮食法被修正、实施，销售限制逐渐被放宽，最终形成了今天这样的流通渠道。在此之前，发生了一系列堪称大米流通革命的流程改革。此外，20 世纪 90 年代，新的大米销售形态开始普及，那便是免洗米。

免洗米由于颠覆了一直以来的"大米洗（淘）了之后才能吃"的习惯，对于它的评价也是毁誉参半。当时，既有人大力赞扬它各式各样的好处，也有不少人流露出了对于免洗米的抵触感。这种抵触，不局限于当时，甚至在今天，不少人仍排斥免洗米。因为多家连锁店的数据都显示，老年人群体对免洗米的支持率极低。

仅次于免洗米的还有另一种新的销售形态。那就是最近在店铺经常能看到的小容量米。**图片 1** 所展示的就是神奈川县横滨市 Yorkmart 港南中央店大米卖场陈列的大米（2014 年 8 月视察）。

从左往右依次为 1 合（150g）、3 合（450g）、6 合（900g）。其中，1 合和 6 合都是真空包装，前者甚至可以通

图片1

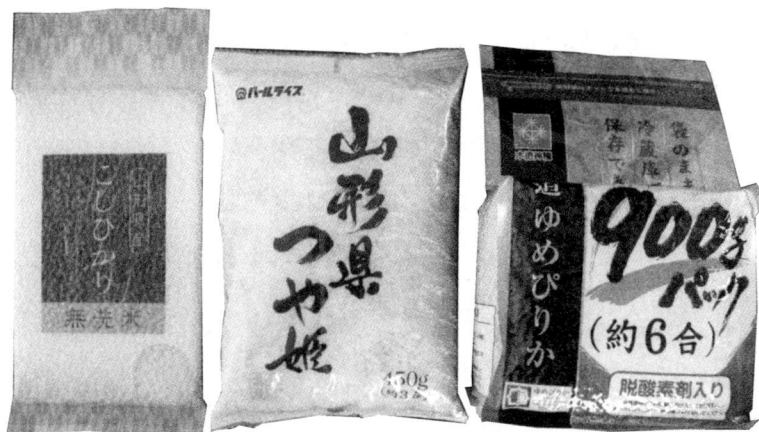

过挂钩陈列。

上述这种小容量的商品，渐渐开始在 SM 的卖场中崭露头角。

接下来，我将通过对以上两种销售形态的顾客数据分析，对 SM 今后的大米销售方式进行思考。

老年人对免洗米容易敬而远之

图表 1、图表 2 所展示的是 5.1 分类（我在前面已经多次介绍过）下的 3 家公司的大米部门的分析结果。

图表 2 是将年轻人层、

图表 1　3 个主要年龄层所支持的免洗米的商品数量（基于 5.1 分类）

	A 公司	B 公司	C 公司
年轻人支持型商品	2	2	3
家庭支持型商品	8	5	3
老年人支持型商品	0	0	0

家庭层、老年人层 3 个主要年龄层各自的支持商品，按照销量由高到低的顺序进行排列的结果（此处只记录了图表 1 中 A 公司的部分）。

由图表可见，3 家公司的共同点在于老年人支持型商品中没有任何一款免洗米（图表 2）。

当然也要看各家的备货情况，但看上去，免洗米似乎不太受老年人欢迎。

接下来，请看**图表 3~图表 5**。图表 3 所展示的是某家连锁店半年间（2013 年 3~8 月）的大米购买情况。将其中约 3 万名免洗米的购买者与其他购买除免洗米之外任意大米的购买者区分开进行了比较。

从中我们能发现什么呢？由图表 3 我们可以得出，"免洗米的购买者中只购买免洗米的倾向十分强烈，不购买免洗米之外其他米的人实际上达到了近 8 成"。

这个数据表明，购买免洗米的人，基本上会一直持续购买免洗米，并没有意向回过头去购买免洗米以外的米。图表 4 的柱状图所展示的就是包括免洗米购买者在内的各个年龄层的大米购买者的比例。

免洗米以外的大米的购买者中，60~69 岁的人群占到了 40.1%。而相同年龄层在免洗米购买者中所占的比例却只有 27.5%，明显低于前者。该数据与开头部分图表 1 的结果相同，都证明免洗米在老年人中的支持率低。

免洗米中老年人的比例低，相应地，40~49 岁年龄层的

图表2 A公司商品中，受到3个主要年龄层支持的大米商品里销量靠前的商品（降序排列，基于5.1分类）

	年轻层	销售数量	家庭层	销售数量	老年层	销售数量
	合计	14,756	合计	37,118	合计	208,562
1	国产 2kg	7,073	国产 <免洗米 >5kg	10,912	越光 5kg	29,060
2	<免洗米 > 石川越光 2kg	4,044	<免洗米 > 越光 5kg	6,526	新潟越光 5kg	19,267
3	<免洗米 > 秋田小町 2kg	3,633	<免洗米 > 新潟越光 5kg	5,408	秋天小町 5kg	15,568
4	生拔 5kg	4	北海道产 kirau397 5kg	4,480	日光 5kg	14,855
5	国产越光 5kg	2	十八谷饭素	3,073	饼米 公主之饼	11,632
6			越光 5kg	2,360	国产 5kg	11,351
7			Mannan Hikari 525kg	1,480	绢光 5kg	9,618
8			豆子与杂谷饭	812	越光 5kg	6,804
9			每日美味杂谷饭	658	日光 10kg	6,671
10			日光 2kg	521	越光 10kg	6,244
11			日光 5kg	375	产地限定米 5kg	6,082
12			<免洗米 > 越光 5kg	138	新潟越光 2kg	6,059
13			营养米 钙	87	秋田小町 5kg	5,425
14			<免洗米 > 越光 2kg	76	新潟越光 5kg	4,497
15			<免洗米 > 生拔 5kg	65	秋田小町 5kg	3,838
16			越光 10kg	65	赤饭素 230g	3,641
17			<免洗米 > 生拔 2kg	59	越光 5kg	3,257
18			免洗米 越光 5kg	14	新潟县产鱼沼越光 3kg	3,111
19					十六谷饭 30g×6 袋	3,098
20					发芽玄米 1kg	3,007
21					越光 5kg	2,915
22					发芽胚芽米 1kg	2,833
23					一见钟情 5kg	2,703
24					饼米 5kg	2,423
25					越光 5kg	2,404

人群占的比例却很高。从图表4中最下段所展示的只购买免洗米的人数的比例来看，40~49岁年龄层的购买者占比则更大。与之相对，老年人的比例也突破了25%。

对于不洗米的抵触感，老年人确实要比年轻人强烈。毕竟他们是在以洗米为常识的大环境中成长起来的。

图表3 【免洗米】的购买者中【仅购买免洗米】的顾客比例

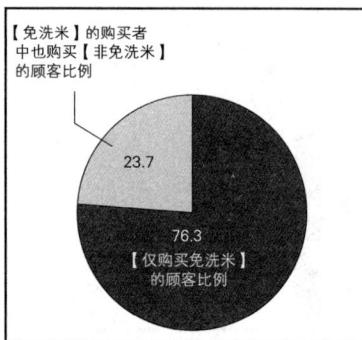

【免洗米】的购买者中也购买【非免洗米】的顾客比例

23.7

76.3
【仅购买免洗米】的顾客比例

图表4 大米购买者的各年龄层占比（非免洗米的大米购买者与免洗米购买者的比较）

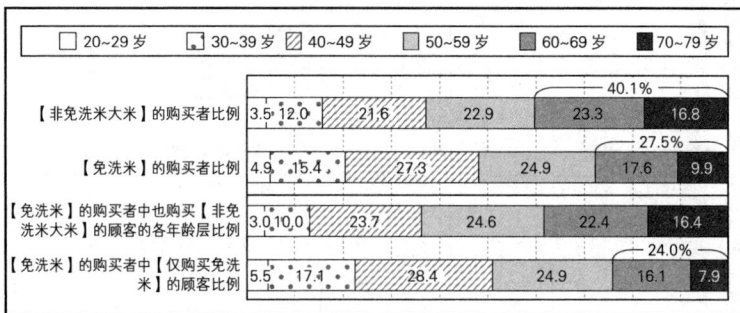

	20~29岁	30~39岁	40~49岁	50~59岁	60~69岁	70~79岁
【非免洗米大米】的购买者比例	3.5	12.0	21.6	22.9	23.3	16.8
【免洗米】的购买者比例	4.9	15.4	27.3	24.9	17.6	9.9
【免洗米】的购买者中也购买【非免洗米大米】的顾客的各年龄层比例	3.0	10.0	23.7	24.6	22.4	16.4
【免洗米】的购买者中【仅购买免洗米】的顾客比例	5.5	17.4	28.4	24.9	16.1	7.9

（非免洗米大米购买者比例处标注 40.1%；免洗米的购买者比例处标注 27.5%；仅购买免洗米顾客比例处标注 24.0%）

图表5中的折线图所展示的数据似乎正验证了这个结论。该图将图表3中的饼状图的结果进一步按照不同年龄层进行区分。如图所示，免洗米的购买者中，年龄层越低，反复购买免洗米的人越多。

从一开始就习惯了吃免洗米的人，自然对不洗（不淘）

图表 5　免洗米购买者中【仅购买免洗米】的顾客比例（分年龄层）

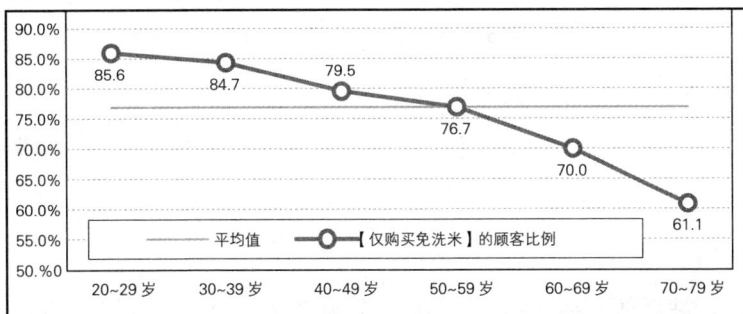

这件事情不会产生任何抵触。考虑到免洗米的普及时间为 20 世纪 90 年代，便可以推测如今的 20～29 岁、30～39 岁两个年龄层中应该有不少人都出生并成长于对免洗米习以为常的家庭中。我在开头部分提到，在不久的将来，洗米的习惯会从家庭中消失的可能性也是不容否认的。其理由就蕴含在图表 5 的折线之中——年龄层越低，只购买免洗米的人数越多。

随着这里的 20～29 岁、30～39 岁慢慢变成 40～49 岁、50～59 岁，年龄层高的群体中，免洗米的购买者的比例也自然会越来越大。

对于那些在现阶段尚不购买免洗米的人来说也是同样的道理。随着时间的推移，其比例在高年龄层中也会逐渐递减。

免洗米的制造方法有多种。其中最普遍的要数一种被称作 BG① 的手法——在不使用水的情况下，去除白米表面残留

---

① BG 指的是在制造工程中不使用一滴水，仅利用米糠的黏附力将米糠去除的制造方法。

的具有黏性的米糠。但调查问卷明确显示，不少人对不用水洗米这件事情仍存在抵触感，同时他们担心这样的行为会不会影响大米的新鲜度和味道。

据日本全国免洗米协会（NPO 法人）以前的调查数据显示，对于免洗米还存在不少消极评价。例如"不洗的话很不卫生""看上去不好吃"等。

甚至还一度出现了要用水洗免洗米的声音。可见，对于那些长期习惯用水淘米的人来说，再怎么跟他解释也是无效的。他们对于大米不洗就吃的行为仍抱有不安的心理。

当然，这个调查问卷毕竟是以前的数据了。与当时相比，如今对免洗米心怀抵触的人无疑大幅度减少了。

然而，纵观这些数据，我们应该能够认识到这样一个不容忽视的事实：那就是，老年人中不少人仍对免洗米心怀抵触。

小容量免洗米也让老年人敬而远之

接下来，我们来看下小容量的大米。IRISOHYAMA（仙台市青叶区）和 cocome（山梨县南阿尔卑斯市）等率先开了先河之后，极小容量的大米陆续被推出市场。

那么，这些极小容量，例如其中约 2 合的大米，其购买者都是些怎样的人群呢？

图表 6 调查的是购买约 2 合大米的群组在 2 合大米问世之前购买大米的情况。与之相对的是大米整体的购买情况。

图表6　2合大米问世前大米销售的实际情况（销量位居前20的品目，此处省略品目名称）

	2合大米的购买者		整体
1	●	免洗米 越光 4550k		秋田小町 5kg
2		秋田小町 900g		越光 5kg
3	●	免洗米 秋田小町 450g		越光 5kg
4		新潟 越光 900g	●	免洗米 秋田小町 5kg
5	●	免洗米 越光 900g	●	免洗米 越光 5kg
6		越光 450g		秋田小町 2kg
7	●	免洗米 秋田小町 900g	●	免洗米 秋田小町 2kg
8		艳姬 2kg		一见钟情 5kg
9	●	免洗米 越光 2kg		越息吹 5kg
10		Milky Queen 450g		越光 2kg
11	●	免洗米 秋田小町 2kg	●	免洗米 越光 2kg
12		一见钟情 900g		艳姬 2kg
13		梦美 2kg	●	免洗米 一见钟情 5kg
14	●	免洗米 越息吹 900g	●	免洗米 越息吹 5kg
15		越光 900g		越光 5kg
16		越光 2kg	●	免洗米 越光 5kg
17	●	免洗米 一见钟情 900g		艳姬 5kg
18	●	免洗米 艳姬 2kg		秋田小町 900g
19	●	免洗米 秋田小町 5kg		越光 5kg
20		一见钟情 1kg		越光 2kg

2013 年 7~12 月半年间实际情况　　　　　　　※ 阴影部分为 900g 以下的商品

　　由图表 6 可明确得知，购买 2 合大米的群组从一开始就只购买 900g（6 合）以下小容量的大米。由此可以推测，这样一群原本一直购买少量米的人群，在市场出现新的极小容量米之后，迅速转向了它。

　　另外还有一个非常有意思的数据（**图表 7**）。图表 7 将免洗米中的极小容量米和非免洗米中的极小容量米区分开，并对各自购买者的年龄层做了比较。

　　比较之后发现，老年人对于免洗米中的极小容量米的支持率极低。"小容量 = 老年人支持"这种一般意义的公式似乎并不适用于免洗米。

　　事实上，老年人中无疑也存在对于小容量的需求。只是，

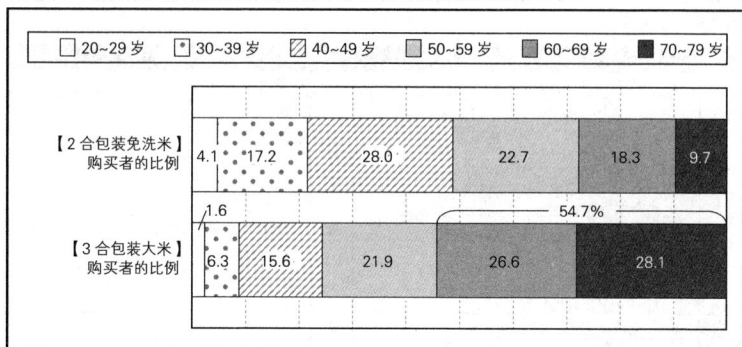

图表 7　极小容量包装大米的购买者中各年龄层占比（%）

2013 年 9 月～2014 年 6 月

他们对于免洗米的抵触感更加强烈吧。

　　相比之下，老年人对于非免洗米中的 3 合米的支持率相当高。这个数值（54.7%）甚至高出了图表 4 中所展示的免洗米之外的大米购买者的比例（40.1%），不得不承认，老年人中对免洗米敬而远之的人依然很多。

　　由此可见，要想改变常年习惯洗米的老年人的心意，确实难度很大。

　　另外，消费者对于免洗米的认识是否足够正确呢？卖场是否充分地向消费者们传达了免洗米的优势呢？

　　能够节约水、便利等优势很多人已经了解了，但其他例如"洗米会造成一部分水溶性维他命流失，免洗米则可以更多地将其保留""洗米会对大米的表面造成伤害，免洗米则不会，因此大米更加美味"等优势到底有多少人真正了解呢？

　　生产厂家以及零售方都有必要对包括宣传在内的销售方法进行思考、创新。没有足够好的销售方法去吸引尝试购买者，回头率就无从谈起。

无论是免洗米今后的走势，还是消费者对于极小容量米的评价，都取决于零售方的销售方法，并受其方法好坏左右。

卖场的信息展示才是关键

日语中有个说法叫作"吃同一锅饭"。吃同样的东西，以此象征大家的伙伴关系。英语中也有同样的表达。

Company（意思为伙伴）这个英语单词原本就有一起（com）、吃面包（panis）的意思。在日本，面包变成了主食的大米，仅此而已。

然而，作为主食的大米随着"一个人吃饭""孤单地吃饭"等社会趋势的发展，其形态也发生了巨大的变化。近来，人们能够吃到的大米越来越多样，事实上，能够一起吃同一锅饭的机会也随之骤减。

但我想，"吃同一锅饭"这个词倒不至于退出历史舞台。即使跟家人、伙伴一起吃饭的机会在减少，但不可否认，人们想要吃到更加美味的大米的需求仍是根深蒂固的。

只要看一看最近的电饭煲你就会明白，各大家电生产厂家竞相提高电饭煲性能以期更加接近炉灶煮的饭。

性能稍好的电饭煲轻轻松松就超过了 5 万日元，最高级的甚至超过了 10 万日元。一个小小的电饭煲，其价格甚至在洗衣机和冰箱之上。

其实大可不必在这些地方如此执着。有目的地增加大米选项的做法应该也很受欢迎。或许可以这么说——正是消费者对于简便、小容量的需求才促成大米销售形态的转变。

免洗米实际上并没有破坏作为日本传统主食的大米本来的味道，以及与大米相关的文化——人们若能重新认识到这一点并因此接纳免洗米的话，那么免洗米应该能在老年人中得到更多的普及。

无论如何，生产厂家、零售方都应该承担起这个重任。为了保证消费者能够正确看待、评价免洗米，二者应向外界发布更多的信息，在卖场的宣传等方面也需不遗余力。

18. 减盐酱油和 "食品标记"
正确的标记创造新的顾客

很多人都知道日语中的 "盐对应" 指的是对他人采取爱理不理的冷淡态度。因为它曾一度在流行语大赛上被提名。该词曾被用来描述人气偶像团体 AKB48 成员岛崎遥香对待粉丝的冷淡态度。事实上，"盐对应" 在零售的世界里，也是买卖的一个重要指标。甚至可以说，这个世界更加忌讳冷淡的态度，它杜绝一切敷衍了事的行为。

2015 年 6 月，日本食品标记法被修正。在此之前只标记钠含量就可以的商品被强制要求对盐分进行标记。尽管味噌、

图表 1　钠 ~ 盐分间的换算公式

以 mg 表示　○○mg × 2.54 ÷ 1000
以 g 表示　○○mg × 2.54

例如，钠含量为 700mg，那么使用上述公式进行计算，即可得出盐分的量为 1.8g。

酱油等许多商品中盐分标记逐渐成为常态被定格，但至今仍有不少商品只标记钠的含量。只对钠含量进行标记时，需按照**图表 1** 进行换算之后才能知道盐分含量，这对于消费者来说非常麻烦，也十分费解。

"减盐派" 的意识之高不容小觑

对钠含量进行标记的是营养成分表。目前该标记尚可自

由选择，但 5 年缓冲期过后，也将被执行强制变更。由此可见，对于盐分标记的要求越来越严格。

与此同时，饮食摄入基准在 2015 年版中对盐分的摄入目标进行了变更。成年男性从之前的不满 9g 降到了不满 8g，女性也从原来的不满 7.5g 下降至不满 7g。也就是说，标记和摄入基准中盐分相关的 2 个变化同时发生了。

由此可以预见，在高龄化愈演愈烈的日本，这无疑将进一步促进人们减盐意识的提高。一些大型生产厂家已经开始行动，开展了一系列促进减盐商品开发的活动。

那么，作为距离顾客最近的 SM，在这样大的潮流下，又该做些什么呢？接下来，我想通过顾客数据对其进行思考。

图表 2 所展示的是少盐调味料和减盐清汤等 5 种减盐类汤汁的约 100 名重度消费者（一年内购买 10 次以上的顾客）与消费者整体购买情况的对比。图表 2 将二者购买的酱油、盐、鱼露汁、味噌等调味料相关商品中排名前 10 的品目进行了比较。从结果可以推测，反复购买减盐类调味汁的顾客，其减盐的意识尤其高，因此在购买其他商品时也会优先选择减盐类。

由图表 2 可知，位列第 1 的所有商品均为减盐类。该结果与我上面的推测吻合。顺便补充下，图表中出现的商品数量上的差异不过是减盐商品自身的数量带来的差异。

很明显，"减盐"意识高的顾客在购买其他商品时，对减盐理念的贯彻也是十分彻底的。这里顺便补充一下，图表 2

图表2　减盐调味料的重度消费者与消费者整体的比较

酱油部门的销量排行榜	
减盐调味料的重度消费者	全体顾客
1	新鲜控盐纯大豆生酱油 450mL	特选酱油 1L
2	鲜度一滴 减盐酱油 500mL	永远新鲜 新鲜出炉生酱油 450mL
3	有机纯大豆减盐酱油 500mL	永远新鲜 新鲜出炉生酱油 200mL
4	减盐酱油 750mL	有机纯大豆的吟选酱油 1L
5	特选纯大豆减盐酱油 750mL	特选纯大豆酱油
6	特选纯大豆减盐酱油 500mL	新鲜控盐纯大豆生酱油 450mL
7	永远新鲜 味道丰厚的减盐酱油 450mL	特选纯大豆酱油 750mL
8	特选酱油 1L	鲜度一滴 特选酱油 500mL
9	昆布酱油 500mL	推荐酱油 1L
10	特选纯大豆酱油 1L	特选纯大豆酱油 500mL
盐部门的销量排行榜	
减盐调味料的重度消费者	全体顾客
1	精盐 袋 180g	伯方盐 500g
2	伯方盐 500g	食卓盐 100g
3	濑户真盐 300g	粗盐 600g
4	濑户真盐 烧盐 200g	味盐 100g
5	滨御盐 烧盐 120g	伯方盐 烧盐 250g
6	食盐 1kg	濑户真盐 1kg
7	味盐 100g	盐 1kg
8	粗盐 600g	濑户内赤穗盐 1kg
9	食卓盐 100g	濑户真盐 300g
10	精制盐 1kg	濑户真盐 烧盐 200g

2014 年实际销售情况

中的盐卖场中销量位居第 1 的精盐也属于减盐类商品。乍一
看，这个名字似乎有些奇怪，但它却在很久之前就是盐卖场
必备的商品了。

　　作为高血压的主要诱因之一的盐分指的是钠。与之相
对，减盐中的盐并不是钠，而是指加了钾来维持咸味的商
品。对于那些十分注意调味料盐分的所谓的"减盐派"来
说，由于已经习惯使用这种减了盐的盐，他们又会怎么看待
一般食品中的盐分含量呢？生产厂家是否有在推进减盐方面
的措施呢？

图表3　减盐调料的重度消费者与消费者整体的比较

味噌部门的销量排行榜	
减盐调料的重度消费者	全体顾客
1	减盐纯曲子味噌 750g	料亭之味 750g
2	有机减盐味噌 500g	料亭之味 减盐 750g
3	控盐 500g	纯曲子味噌 750g
4	米曲加 生米曲味噌 650g	神州一神子 1kg
5	仙台味噌 850g	无添加纯熟曲子味噌 750g
6	米曲 中甘 750g	入汤风味一级棒 750g
7	无添加 控盐 500g	米曲加 生盐米曲 200g
8	无添加 低盐红汁 400g	无添加山吹味噌 750g
9	追求品质的无添加味噌 750g	芳纯 组合味噌 750g
10	竹传曲杯 500g	料亭之味 350g

鱼露汁部门的销量排行榜	
减盐调料的重度消费者	全体顾客
1	少盐鱼露汁 400mL	鱼露汁素 1L
2	鱼露汁素 1L	昆布素 1L
3	昆布素 1L	乌冬汤汁内含 6 袋
4	乌冬汤汁内含 6 袋	面的鱼露汁 400mL
5	鲣鱼鱼露汁 1L	鲣鱼鱼露汁 1L
6	鱼露汁特级 400mL	昆布鱼露汁 500mL
7	新鲜出锅的素面鱼露汁 300mL	真鱼露汁 1L
8	昆布鱼露汁 500mL	真鱼露汁 500mL
9	面的鱼露汁 400mL	割烹白汁 400mL
10	真鱼露汁 360mL	新做出锅的素面鱼露汁 300mL

※2014 年实际销售情况

吃一餐，一天的盐分摄入就会超标的拉面？

请看**图表 4**。该表所展示的是日清食品 5 款杯装面的面
与汤中盐分的合计值。原本拉面中的盐分含量就高，这一点
或许众所周知。但我想应该也有人在看到这个统计后对这个
事实有了新的体会吧。实际上，这个数值在普通杯装面中，
盐分含量还算不上特别高。在 SM 的货架上，大量陈列着远
远高于这个数值的商品。

图片1

图片2

图片3

图片4

※ 商品图片为调查时实物

图表4　杯装面的含盐量（以日清食品为例）

井兵卫	5.8g
杯装面条	5.1g
鸡肉拉面	5.1g
面职人	5.6g
信州味噌拉面	6.4g

甚至是在某家大型零售连锁店还销售着盐分含量为10.7g的杯装面。按照我在前面提到的饮食摄入标准2015年版中对成年男女每天的盐分摄入的规定，仅这一餐就远远超过了规定的标准。

事实上，无论是原本盐分含量就高的拉面，还是盐分含量几乎为其2倍的该商品，都是作为精选的PB商品被开发出来的。得知这一点后，惊讶之情应该更加难以抑制了吧。

正如我在开头部分提到的那样，许多大型食品生产厂家正在不断扩大减盐商品的种类，提高减盐率的潮流也在不断扩散。味之素也将少盐调味料（图片2）的减盐率从现在的30%提高到了40%。扩大了少盐系列商品数量的丸大食品等厂家应对减盐的新举措的相关报道也越来越多。

在减盐的大潮下，ACECOOK推出了一款提倡"调味料

的美味减盐"的杯装面。其中，中华炒面的盐分含量为
2.5g，乌冬面为 1.8g（二者都是面和汤的合计值。**图片 3、
图片 4**）。商品包装上还标记了国立循环系统疾病研究中心
（推荐每餐的盐分、热量摄入分别低于 2g、500 千卡）的减盐
菜单"轻盐"认证（加工食品中的首次推荐）信息。

尤其值得一提的是，与前面提到的那些拉面的盐分含量
相比，该商品的盐分含量可谓极低。这类商品，是基于顾客
视角被开发出来的，也是大型厂家所没有的，零售方原本应
该将其作为 PB 商品并主导开发。但不知为何，零售方并没有
意识到这一点，而只一味地关注高品质、精品。

标记/规定变更的另一个变化

同时发生的食品相关的法律/规定的变化，实际上还有另
外一个——功能性标记食品制度的导入。安倍晋三首相在成
长战略第 3 期演讲中宣布该制度之后，各大生产厂家便迅速
展开了行动。那么，零售方对于该制度的反应如何呢？

迄今为止，卖场只能对商品的功能进行模糊、暧昧标记。
诸如醋可以有效抑制高血压等的标记直到 2015 年 3 月才得到
了方针指示。《日经新闻》也报道过 MIZKAN 已经在检讨的
具体宣传标语——"醋有降低血压的功效"。

这又意味着什么呢？那些长期依赖于明确标记效果、功
用的药物和营养品的人们，在有了功能性标记的参考之后，

会转而对有特定功效的食品本身产生兴趣。也就是说，这可能促成人们形成从日常的饮食中维持健康的想法，从而提高对医食同源的认识。而这对零售而言是一个不可多得的商业机遇。

接下来，请看**图表5**、**图表6**。与前面提到的盐分的例子相同，将控制了糖分的甜调味料 PARUSWEET（**图片5**）的重度消费者（一年间购买10次以上）进行分组，并将该组中饮料（图表5）和啤酒系饮料（图表6）的购买件数排名前20的商品与所有顾客的情况做了对比。

图表5　低卡路里饮料的重度消费者与消费者整体的饮料消费数量的比较

饮料的实际销量排行榜	
低卡路里饮料的重度消费者 717 人	全体顾客
1 可口可乐 ZERO 500mL	天然水（南阿尔卑斯）550mL
2 百事 Special 490mL	天然水（南阿尔卑斯）2L
3 伊右卫门 特茶 500mL	天然水 2L
4 天然水（南阿尔卑斯）2L	Wilkinson 碳酸饮料 500mL
5 百事可乐 500mL	ORANGINA 420mL
6 可尔必思 500mL	伊右卫门 含抹茶 500mL
7 可口可口 ZERO 1.5L	可口可乐 500mL
8 健康矿物麦茶 2L	绫鹰 525mL
9 水瓶座 无糖 500mL	伊右卫门 特茶 500mL
10 天然水（南阿尔卑斯）550mL	O~I 绿茶 500mL
11 伊右卫门 含抹茶 500mL	可口可口 ZERO 500mL
12 天然水 2L	水瓶座 500mL
13 神清气爽茶 W 350mL	南阿尔卑斯天然水 超纯 500mL
14 水瓶座 500mL	O~I 浓茶 525mL
15 可口可乐 500mL	GREEN DA•KA•RA 500mL
16 大人的 KIRINLEMON 500mL	三矢汽水 500mL
17 黑乌龙茶 350mL	富维克 500mL
18 绫鹰 525mL	十六茶 500mL
19 O~I 绿茶 2L	负离子水 2L
20 ORANGINA 420mL	六条麦茶 600mL

※2014 年实际销售情况。

由图表 5 可知，饮料中销量靠前的品目中，占据了约半壁江山的均为特定保健用食品指定的控制卡路里的功能性饮料。

而在所有顾客排名中，只有可口可乐 ZERO 唯一一款功能性饮料崭露头角。

啤酒系列饮料的情况也相同，靠前的排名几乎均被糖分、卡路里 off 类的商品占据。

图片 5
※ 商品图片为调查时实物。

图表 6　低卡路里饮料的重度消费者与消费者整体的啤酒类饮料消费数量的比较

啤酒类饮品的实际销量排行榜	
低卡路里饮品的重度消费者 717 人	全体顾客
1 极 ZERO 350mL	Super Dry 350mL
2 Super Dry 350mL	金麦 50mmL
3 All-Free 350mL	喉越 < 生 > 350mL
4 一番榨 超迷你罐 135mL	Super Dry 500mL
5 一番榨 350mL	金麦 350mL
6 Dry Zero 350mL	一番榨 350mL
7 金麦 减糖 75% 350mL	喉越 < 生 > 500mL
8 淡丽 < 生 > 超迷你罐 135mL 135mL	All-Free 350mL
9 Style-Free 350mL	淡丽 green label 350mL
10 一番榨 500mL	淡丽 green label 500mL
11 浓味 0 糖 350mL	Clear Asahi 350mL
12 黑标 135mL	金麦 减糖 75% 500mL
13 麒麟喉越（生）迷你罐 250mL	黑标 350mL
14 Super Dry 罐 135mL	一番榨 500mL
15 喉越 < 生 > 350mL	金麦 减糖 75% 350mL
16 麦与 POP The gold 350mL	麦与 POP The gold 350mL
17 淡丽 green label 350mL	麒麟喉越（生）迷你罐 250mL
18 All-Free 迷你罐 250mL	Dry Zero 350mL
19 金麦 500mL	黑标 500mL
20 极 ZERO 350mL	Clear Asahi 500mL

※2014 年实际销售情况。

酒精类商品虽在对象之外，但只要得到特定保健用食品的认证，其功能性标记均被许可。因此应该也能为不少顾客提供购买动机。

从这个结果也可以看出，功能性标记的解禁，在今后甚至会对特定保健用食品之外的商品产生影响。越来越多的商品销量将直接受标记方式左右。

零售方在标记上是否别出心裁，也将越来越被关注。

如何看待对食品添加剂的过度反应？

图表 7 所展示的是几款饮料中食品添加剂的具体种类。着色剂、香料、酸味剂、甜味剂，甚至包括乳化剂、调味料等在内，事实上，各式各样的食品添加剂在一般的饮料中都有使用。当然，它们之中的任何一种都是安全的，这一点是毋庸置疑的。

图表 7　饮料中的添加剂实例

	商品	着色剂	香料	酸味剂	糖类	稳定剂	甜味剂	乳化剂	防腐剂	调味料
1	A	●	●	●	●					
2	B		●	●						
3	C		●	●	●	●				
4	D		●	●	●					
5	E	●	●		●		●	●		
6	F	●	●	●			●	●	●	●

市面上不少出版书籍都指出部分添加剂可能对人体有害，提醒消费者多加注意。对于这些信息，一旦开始过深地追究，你就会发现，没有什么东西是可以入口的了。

我认为大家姑且可以这么看——食品中被添加的量若是正常摄入，并不会对健康造成损害。换言之，那些有害健康的添加物或量并不会被滥用。但不可否认的是，总有人会格外介意这一点，他们或许只能局限地购买添加物（例如 B）含量较少的饮料了。

而 SM 作为各式各样食品的提供者，也不能忽视这些对添加物格外介意的顾客。正如前面提到的功能性标记一样，为了让他们在选择时有信息可以参考，我认为 SM 有必要在标记、宣传方面再多下些功夫。

例如，我在下面将要提到的做法就是其中一个例子。

图表 8 是将 ABC 三种类型咖喱的特性分别罗列出来的情况。由图表可以推测，那些既介意卡路里，又控制盐分摄入，同时对添加物心怀不安的顾客应该会选择 C 款咖喱吧。

图表 8　不同类别咖喱的特性

	A	B	C
盐分	×	○	○
卡路里	△	△	○
食品添加剂	×	△	○
焦糖色素	几乎都有	无	无
携带	△	△	○
简便	△	△	○
价格	○	△	×

只是这里有个前提，那就是他们已经事先了解了图表 7 中的那些信息。

图表 8 中出现的焦糖色素，尽管几乎在所有咖喱中都有

添加，但许多人对它还是十分介意。因此，咖喱中不含有该添加物这一点，成了不少人的主要购买动机。

图表 8 中提到的集万千好处于一身的 C 款咖喱正是 Freeze-Dry 的商品。Freeze-Dry 原本就以轻巧、方便携带以及只要有开水就可以立即食用等特点，广受大众青睐，从而频繁登场于公司的午餐、户外场合。然而，在 SM 的卖场，这众多的优点是否全部传达给了顾客呢？

这里顺便补充下，B 为罐头装咖喱，A 则为最普通的软罐头装咖喱。从价格方面来看，优势最大的应该是 A。但即使是价格偏高的 Freeze-Dry，只要它的优势能够被广大顾客所熟知，就会有更多的人愿意花更高的价钱来购买它。

重新审视 SM 的职责

说起 Freeze-Dry，很多人应该都会在第一时间想到 AMANO 吧。事实上，AMANO 已经开始销售盐分含量不满 1 克的味噌汤了。

前面提到的 ACECOOK 的减盐杯装面也是一样的，我衷心希望这些减盐商品最终能够逃脱销量还没实现增长就已经停止生产的命运。为此，需要零售方更多地将目光投向新商品和购买新商品的顾客动向，并能在销售方法上推陈出新。

伴随着功能性标记的解禁，SM 肩负着把正确的信息、知识，也包括那些对生产厂家不利的部分，公平地传达给消费者的职责。还有一点需要记住的是，SM 同时还有责任将消费者的心声正确传达给生产厂家。今后我想更多地去关注这类商品的顾客反应。

19. 日本产红酒和"爱喝酒的老年人"

跟红酒相配的不是芝士，而是日式副食

SUMMIT 曾经的 1 号野泽店搬迁、扩建后，更名为野泽龙云寺店重新开张。

由 1 层和地下 1 层两层构成的店铺，在 1 层入口处并排设置的副食和红酒卖场十分引人注目。YAOKO 等开创的副食和红酒的融合式卖场配置，被各大零售商竞相效仿。

不过，野泽龙云寺店的红酒卖场倒显得有些特别——它的品名卡片颇值得玩味。几乎各地的红酒卖场都会用品名卡片记录红酒的特征来进行宣传，野泽龙云寺店的做法却有些另类。在这里，他们针对所有常规陈列的红酒设计宣传语——用一句话概括出宣传的要点，并将该要点作为品目卡片的"标题"进行大肆宣传。

例如某款红酒的卡片上就写了"拿破仑爱过的红酒"，另一款则写了"帕克评分 89 分的红酒"，都是一些简洁的句子。

在卡片的中间位置也会附上更加详细的说明。这样的设计目的在于——顾客并不需要详细阅读其中细致的描述，仅凭最初的一眼，也能够知道它们各自的大致特征。

试想起来，红酒之外的酒在宣传上很少会有这样的待遇。为什么只有红酒有这个荣幸呢？是因为红酒与众不同吗？尽管红酒品种繁多，拥有专业知识的人却在少数。不可否认，在这种大背景下，稍微多提供一点信息都会成为顾客选择的关键。不过，品种繁多这一点应该也适用于日本酒。

接下来，一起看看**图表 1**。

图表展示的是某家零售连锁店半年间购买进口红酒和日本酒的前 50 名顾客各自所选择的

图表 1　购买日本酒的前 50 名顾客和购买进口红酒的前 50 名顾客的比较

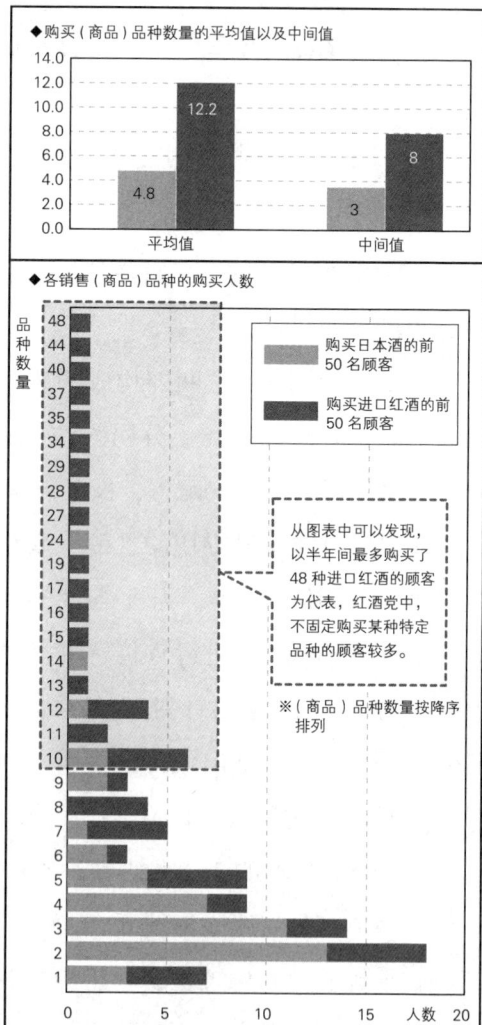

◆购买（商品）品种数量的平均值以及中间值

◆各销售（商品）品种的购买人数

品种数量

购买日本酒的前 50 名顾客

购买进口红酒的前 50 名顾客

从图表中可以发现，以半年间最多购买了 48 种进口红酒的顾客为代表，红酒党中，不固定购买某种特定品种的顾客较多。

※（商品）品种数量按降序排列

品种（商品）数量。由图表可见，无论是平均值还是中央值①，红酒的购买数量都是日本酒的 2 倍以上。

平均值之所以远远超过了中央值，是因为红酒的前 50 名购买者中存在许多购买 10 种以上、最多甚至到 48 种的多品种购买的情况。日本酒的购买者中，反复购买同一品种的倾向十分强烈。与之相对，红酒的购买者呈现出了显著且强烈的多样化寻求②的倾向。

该数据充分说明了占据多数比例的是每一次购买不同品种的顾客。面对这样的数据，零售方应该采取何种对策呢？

缩短推荐商品、重点商品的开展周期，不断更新顾客的视觉体验，打造一个充满新鲜感的卖场；或者更多地、更简洁地提供一些参考信息以帮助顾客进行选择，促成购买行为。

从这个意义上来说，SUMMIT 野泽龙云寺店利用红酒品名卡片集中要点进行宣传的做法，能确保使用的宣传语一语破的，还可以将其作为新的尝试并期待其效果。

"专心"和"花心"兼备的红酒党

"红酒党很花心"——我在前面虽然做了这样的描述，但事实上，红酒党同时兼备"专心"的一面。接下来，我就

---

① 中央值指的是位于数据中央位置的数值。当数据的最大值中出现了特别高的数据时，采用中央值可以有效规避直接平均的影响。

② 多样化寻求指的是不拘泥于某个特定品牌，志在购买多种品牌商品的消费者的购买特性。是与品牌忠诚相对的概念。

来介绍下。

首先，请回忆下您经常光顾的红酒卖场的样子。卖场所陈列的红酒都是怎么分类的呢？

某些店也许会按照红或白进行粗略分类，某些店可能是按照产地国别进行相对细致的分类，某些店或许根本就没有分类的意识。各家的红酒卖场因为陈列空间不一，分类的方式也五花八门。其中哪种分类方式最佳，目前似乎还在摸索阶段。

基于此，我想请大家来看一下**图表 2**。在前面的图表 1 中我们明确了红酒多样化寻求的一面，图表 2 却恰恰相反，它展现了对于国别品牌忠诚的一面。

购买法国红酒的人几乎不会对法国以外的国家的红酒移情别恋。购买意大利产的红酒的人或者德国产的红酒的人也是同样。事实上，其他任何国家的红酒也都出现了相同的倾向。购买多个产地国的红酒的人数极少。

该倾向在日本产红酒中更加显著（**图表 3**）。日本产红酒的购买者眼里只有日本产红酒，反复购买的也全是日本产红酒，对进口红酒几乎不屑一顾。

也就是说，从数据我们可以得出如下结论——红酒的重度消费者一方面流露出了强烈的多样化寻求倾向，即每次会大量购买不同的商品。而另一方面，他们对产地国十分忠诚，每次都会选择固定国家的商品。

基于以上信息，我们不妨试着重新思考红酒卖场应有的

图表 2　购买进口红酒的前 50 名顾客中，不同产地国的红酒的购买比例（%）

平均每人的购买数量 140 瓶　　◆包括国产红酒

顾客	产地国名称	占比	顾客	产地国名称	占比
第 1 名	澳大利亚红酒	89.6	27	意大利红酒	85.3
2	德国红酒	97.0	28	法国红酒	100.0
3	智利红酒	29.8	29	德国红酒	34.8
	澳大利亚红酒	31.9		智利红酒	39.1
4	法国红酒	100.0	30	法国红酒	100.0
5	智利红酒	97.0	31	法国红酒	100.0
6	法国红酒	48.4	32	智利红酒	65.1
7	意大利红酒	9.5	33	意大利红酒	100.0
8	智利红酒	100.0	34	法国红酒	52.5
9	意大利红酒	97.8		德国红酒	30.5
10	智利红酒	98.9	35	法国红酒	96.8
11	澳大利亚红酒	67.8	36	法国红酒	97.1
12	法国红酒	94.5	37	法国红酒	79.6
13	智利红酒	97.7	38	法国红酒	48.4
14	澳大利亚红酒	59.4		澳大利亚红酒	19.8
15	意大利红酒	93.6	39	意大利红酒	63.2
16	德国红酒	25.8	40	澳大利亚红酒	100.0
	智利红酒	37.1	41	法国红酒	83.0
	澳大利亚红酒	24.5	42	法国红酒	17.9
17	法国红酒	66.5		意大利红酒	30.4
18	法国红酒	71.1		德国红酒	17.3
19	法国红酒	89.8		智利红酒	15.5
20	德国红酒	98.8	43	意大利红酒	55.3
21	澳大利亚红酒	100.0		澳大利亚红酒	36.2
22	德国红酒	99.5	44	法国红酒	100.0
23	法国红酒	53.3	45	法国红酒	50.0
24	法国红酒	21.0		意大利红酒	25.0
	智利红酒	48.6	46	法国红酒	93.6
25	法国红酒	25.1	47	法国红酒	26.7
	意大利红酒	16.3		德国红酒	48.3
	澳大利亚红酒	28.3	48	法国红酒	47.9
26	法国红酒	10.6		澳大利亚红酒	37.3
	意大利红酒	67.3	49	法国红酒	100.0
			50	法国红酒	75.0

※黑底白字数值表示占比为 70% 以上。

2013 年 3~8 月实际销售情况

图表 3 　购买日本产红酒前 50 名的顾客中，不同产地国的红酒的购买比例（％）

平均每人的购买数量 96 瓶　　◆包括进口红酒

顾客	产地国名称	占比	顾客	产地国名称	占比
第 1 名	日本产红酒	100.0	26	日本产红酒	100.0
2	日本产红酒	98.5	27	日本产红酒	100.0
3	日本产红酒	98.3	28	日本产红酒	100.0
4	日本产红酒	100.0	29	日本产红酒	100.0
5	日本产红酒	100.0	30	日本产红酒	79.2
6	日本产红酒	99.2	31	日本产红酒	100.0
7	日本产红酒	79.7	32	日本产红酒	100.0
8	日本产红酒	100.0	33	日本产红酒	100.0
9	日本产红酒	100.0	34	日本产红酒	100.0
10	日本产红酒	94.3	35	日本产红酒	100.0
11	日本产红酒	100.0	36	日本产红酒	100.0
12	日本产红酒	98.6	37	日本产红酒	100.0
13	日本产红酒	100.0	38	日本产红酒	100.0
14	日本产红酒	88.4	39	日本产红酒	100.0
15	日本产红酒	100.0	40	日本产红酒	91.2
16	日本产红酒	100.0	41	日本产红酒	100.0
17	日本产红酒	100.0	42	日本产红酒	98.3
18	日本产红酒	100.0	43	日本产红酒	100.0
19	日本产红酒	100.0	44	日本产红酒	100.0
20	日本产红酒	100.0	45	日本产红酒	100.0
21	日本产红酒	100.0	46	日本产红酒	88.0
22	日本产红酒	100.0	47	日本产红酒	100.0
23	日本产红酒	98.7	48	日本产红酒	100.0
24	日本产红酒	91.7	49	日本产红酒	69.5
				智利红酒	25.6
25	日本产红酒	100.0	50	日本产红酒	98.6

※黑底白字数值表示占比为 70% 以上。

姿态。首先，可以按照产地国来进行分类。宣传则可以效仿SUMMIT 野泽龙云寺店，尽可能用简短有力的宣传语来凸显商品特征，对于详细的说明则可另外用品目卡片来进行补充。其次，可考虑在短周期内完成重点商品、主题明确的企划。通过对数据的解读，我们可以得出上述这些卖场规划、宣传架构的方向性启示。

顺便补充下，在自由丘（东京目黑区）开张的IEONRIKA 旗舰店以及幕张新都心的同家店，拥有日本国内最大等级的红酒商品量，该店所采用的就是按照产地国进行货架分类的销售方式。再追加一句，上述店铺的品目卡片也采取了与 SUMMIT 野泽龙云寺店几乎相同的宣传方式。

"红酒与芝士"并非相亲相爱？

"红酒配芝士"——这个组合应该早已被大众接纳了。甚至不用分析也能知道，很多人都会在购买红酒的同时也买芝士。实际上，也有数据证明了这一点。

红酒和芝士相亲相爱是确定无疑的。然而，我在调查关联商品中是否也存在红酒那样的产地国特性时，却发现了一个有意思的现象。

尽管关联商品中并未出现明显的产地国特征，但进口商品和日本产商品的同时购买情况流露出了显著的差异。

结果如**图表** 4 所示。观察图表可知，进口红酒的确多与

图表4　与食品（不包括酒类）同时购买的商品（Lift值前50）

进口红酒			日本产红酒	
顺序	食品	Lift值（降序）	食品	Lift值（降序）
1	芝士	106.0	御手洗丸子	17.2
2	芝士	51.5	多明格拉斯酱	14.4
3	芝士	51.2	藏红花★	14.1
4	芝士	31.2	牛至	13.7
5	芝士	30.7	月桂	13.3
6	芝士	30.6	牛至	12.4
7	芝士	29.6	桂皮★	12.0
8	芝士	28.4	牛至	12.0
9	西式副食	27.7	小牛高汤★	11.7
10	芝士	26.4	藏红花★	10.7
11	芝士	25.7	多明格拉斯酱	10.1
12	葡萄干	25.3	多明格拉斯酱★	10.0
13	芝士★	25.1	炖料	9.9
14	西式副食	24.9	炖料	9.5
15	芝士	24.3	藏红花★	9.4
16	西式副食	24.1	香料花束	8.9
17	芝士	23.6	牛腱肉	8.7
18	芝士	23.5	芝士★	8.7
19	芝士	23.2	芝士★	8.7
20	芝士	22.9	芝士★	8.4
21	芝士	22.6	罗勒大蒜★	8.4
22	芝士	22.6	真空干燥香菜★	8.4
23	干果	22.5	月桂	8.3
24	西式副食	22.0	芝士★	8.3
25	西式副食	21.9	芝士★	8.2
26	芝士	21.6	坚果★	7.6
27	西式副食	21.0	炖料	7.6
28	罐头	20.7	豆类零食★	7.6
29	罐头	20.3	Cracottes★	7.6
30				7.5

图表5　与副食同时购买的商品（Lift前50）

进口红酒			日本产红酒	
顺序	食品	Lift值（降序）	食品	Lift值（降序）
1	西式副食	27.7	沙拉★	4.3
2	西式副食	24.9	沙拉★	4.0
3	西式副食	24.1	沙拉★	3.7
4	西式副食	22.0		
5	西式副食	21.9		
6	西式副食	21.0		
7	西式副食	20.0		
8	西式副食	19.7		
9	西式副食	19.1		
10	西式副食	18.1		
11	西式副食	17.7		
12	西式副食	15.7		
13	西式副食	14.3		
14	西式副食	14.1		
15	西式副食	11.3		
16	西式副食	9.6		
17	寿司	9.3		
18	面包	8.6		
19	寿司	7.8		
20	烧鸡	7.5		
21	西式副食	7.1		
22	鸡肉	6.8		
23	沙拉★	6.7		
24	沙拉★	6.2		
25	寿司	5.8		
26	沙拉	5.7		
27	西式副食	5.6		
28	沙拉	5.6		
29	沙拉	5.6		
30	西式副食			

※Lift 3.0 以上。
★标记：进口红酒、日本产红酒中都出现的商品。

2013 年 3~8 月实际销售情况

芝士一起被购买，但顾客购买日本产红酒时，同时购买的商品中却几乎没有芝士的身影。不仅如此，这些商品还与进口红酒同时购买的商品几乎毫无共同之处。看来，红酒和芝士的相亲相爱关系也只局限于进口红酒的情况。

图表 5 是聚焦副食部门所调查的与红酒同时被购买的商品情况。与图表 4 一样，这里并没有记录详细的商品名称。由图表可知，进口红酒中出现了许多以西式副食为中心的高 Lift 值①的商品。与之相对，日本产红酒却几乎没有出现任何像样的被同时购买的商品。

这里顺便补充下，在 YAOKO 我曾见过下列这种卖场陈列——芝士、副菜被置于冷藏平面柜内，在冷藏柜的上段摆放红酒。不过，这里陈列的也并非日本产红酒，而是进口红酒。

与日本产红酒匹配的商品开发的关键在于老年人钟爱的和式副食

为何日本产红酒的同时购买商品中几乎没有出现芝士、西式副食的身影呢？看了图表 6 之后，大概就能知道答案了。这个雷达图所展示的是西式副菜部门、芝士部门、进口红酒

---

① Lift 值，指的是关联购买倾向的比率。数值越高，则代表同时购买的概率越高。

部门、日本产红酒部门的 5 种分类① （按年龄层特征进行分类）中每种分类所占的比例。

图表 6　西式副食部门、芝士部门、进口红酒部门、
日本产红酒部门的各年龄层支持（占比）雷达图

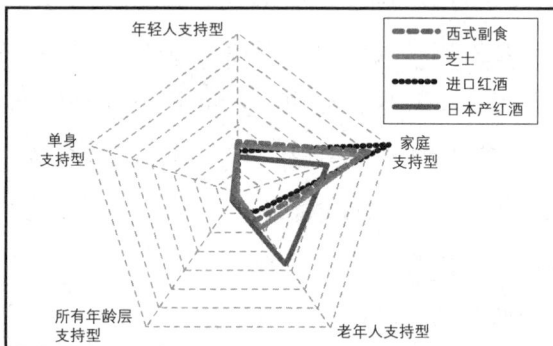

　　图表很清晰地展示，除日本产红酒部门外的 3 个部门呈现出了几乎完全重合的相同倾向。3 个部门的家庭支持型（40~59 岁人群的支持率很高）均十分突出（60%~70%）。

　　而与此同时，日本产红酒部门出现了老年人支持型和家庭支持型僵持不下的对抗局面。该倾向与其他 3 个部门形成了鲜明的对比。由于日本产红酒的老年人支持率很高，所以我们很容易推测，芝士、西式副食等老年人支持率原本就低

———————

　　① 　年龄层特征 5 种分类指的是按照不同年龄层的支持倾向划分的 5 种分类。笔者提出的概念。5 种分类分别为：1. 年轻人支持型 = 年龄层越低，支持率越高。2. 老年人支持型 = 年龄层越高，支持率越高。3. 家庭支持型 = 以 40~49 岁、50~59 岁两个年龄层为中心支持率很高。4. 单身支持型 = 年轻人和老年人双方的支持率均高，以此推测该群体为单身人士。5. 所有年龄层支持型 = 未见某个特定的年龄层出现高的支持率，各年龄层支持率呈现平均趋势。

238

的部门的商品自然也很难被同时购买。

反过来我们也可以认为，若将老年人作为关键切入点，那么红酒的销量应该还会迎来更大的增长空间。

如今，红酒与和式副食的组合也逐渐被人们所接受，若能进一步加大和式副食的开发、不断推进卖场提案，那么日本产红酒与和式副食被同时购买的概率无疑会增加。

这将直接关系到 SM 红酒卖场的角色能否得到充分发挥。同时应该会成为今后愈演愈烈的老年人饮食场景建设的一个不可或缺的支撑之一。

与酒类饮料的折扣店或专业店不同，SM 的红酒卖场的优势在于，它可以与周边的商品产生联动，同时可以进行具体的饮食提案。SM 应该要充分发挥该优势。

位于都心部的 Life Corporation 在中野坂上店（东京都中野区）、若松河田店（东京都新宿区）相继开张时，在两家店的楼层前面都配置了红酒卖场。

另外，除新店开张外，Life Corporation 的新座店、DAIEI 的东大岛店等在店面改造时，也逐步扩大了红酒卖场的存在感。毋庸置疑，这个趋势今后还会持续。

然而，抛弃与饮食场景的联动，单纯扩大红酒的品种、一味地增加意图模糊的红酒关联销售、采用多点展开等措施，归根结底都无法真正打动顾客的心，最终也只能算是我们的一厢情愿罢了。徒有其表的拙劣模仿根本无法孕育出任何有价值的东西。

"和式副食和红酒"——要让这样的饮食场景成为人们日常饮食的一部分，SM 的助力必不可少。也只有人们日常用来购物的 SM 才能做到这一点。日本是为数不多的"饮食"被列为非物质文化遗产的国家之一。对这样的国家的 SM 的所作所为寄予厚望的应该不止我一个人吧。

20. 啤酒类和"20多岁的年轻男人"
"总之，先来杯啤酒"的风气日减，买回去喝的人在增多

　　山口县的酿酒厂旭酒造，曾因獭祭一跃成名。销售额的骤增，让旭酒造一时备受关注。

　　在清酒界，酿酒厂能搭上这样的顺风车，可谓罕见。即便如此，旭酒造的年销售额也只能在 40 亿日元的边缘徘徊。这个数字与另一家啤酒公司朝日相比，简直不可同日而语。朝日的年销售额轻轻松松就破了 9000 亿日元大关。

　　从市场来看，啤酒呈现出的 4 家（包括朝日在内）独大的局面仍将继续。清酒的酿酒厂却有将近 1600 家（与过去那个 3000 家以上的时代相比，倒是有大幅度下降的趋势）散落日本全国各地。

　　然而，你们知道下面这个事实吗？即使将所有清酒酿酒厂的销售额加在一起也远远不及朝日一家的庞大。酒类当中，啤酒的出货量虽然出现了下降的趋势，但其所占的份额依然巨大。这是一个不变且不容忽视的事实。

　　如此庞大的啤酒界，竟也罕见地遭遇了寒潮来袭。这股

寒潮就是当下盛行的不爱喝啤酒的风气。风气盛行之下，发泡酒、啤酒的销售量年年递减，甚至连销量持续走高的 new genre（第 3 啤酒）也在 2015 年上半年首次跌破前一年同期销量。啤酒界销量持续走低的势头愈演愈烈，几乎呈一发不可收拾之状。

尤其是最近，年轻人中不爱喝啤酒的现象被频频指出。有人甚至将其与少子高龄化问题一起并列为啤酒出货量下降的重要原因。那么事实又如何呢？

可视化之后才发现的"移动平均"和"前年比"的最大差异

我曾看到过这样一篇报道——作者直接将 20 多岁人口的减少与啤酒出货量的下降挂钩，以此来讨论年轻人中出现的不爱喝啤酒的风气。乍一看不禁觉得这样的论述未免站不住脚，但也没法把它当作荒唐的无稽之谈全盘否绝。因为即使是毫无依据甚至可笑至极的逻辑，也能让人们产生与事实完全背离的认识。

年轻人真的不爱喝啤酒了吗？事实到底是怎样的呢？要正确厘清这个事实，我认为只能依靠顾客数据。只有通过顾客数据才能正确把握年轻人的实际购买情况。年轻人的购买趋势是否真在下降？接下来，我将通过"移动平均"① 的分析手法来揭开它的神秘面纱。

要把握中长期的趋势，使用移动平均的分析手法比较便于理解。遗憾的是，零售界对于该手法的运用并不多见。

相比之下，前年比的推移倒是比较幸运。几乎所有企业都会制作常规的票据，并定期对其进行检查。而将移动平均作为常规票据进行活用的企业却是少之又少。

因此，在正式进入啤酒类饮料的移动平均分析之前，我们先来比较一下前年比和移动平均。将完全相同的数据分别进行相应的表格处理后，得出的信息会出现怎样的差异呢？

图表 1 的折线图所展示的是某零售连锁店中总销售额Best1 的店铺中主要商圈（总销售额前 10 位的区/街道）从2012 年 9 月到 2014 年 8 月的两年内每个月的销售额与前一年的对比。由图可见，各区/街道均出现了以中央位置的 100 线为界，上下大幅度波动的倾向。

尽管前年比是判断销售额时最常用的手法，但从图表 1的情形来看，我们要从中快速找出最大课题的区/街道在哪里几乎不可能。

---

① 移动平均指的是根据时间序列，将一定期间（图表 1 则以一年 12 个月为一定期间）的平均值逐项推移（例如图表 1 中 2011 年 9 月~2012 年 8 月平均→2011 年10 月~2012 年 9 月这样，逐月推移）以进行预测的手法。以图表呈现后，若出现直线上升，则表示扩大趋势，反之，则判断为缩小趋势。

※使用的顾客数据为关东地区、关西地区某零售连锁店 2011~2014 年 8 月间的实际记录。

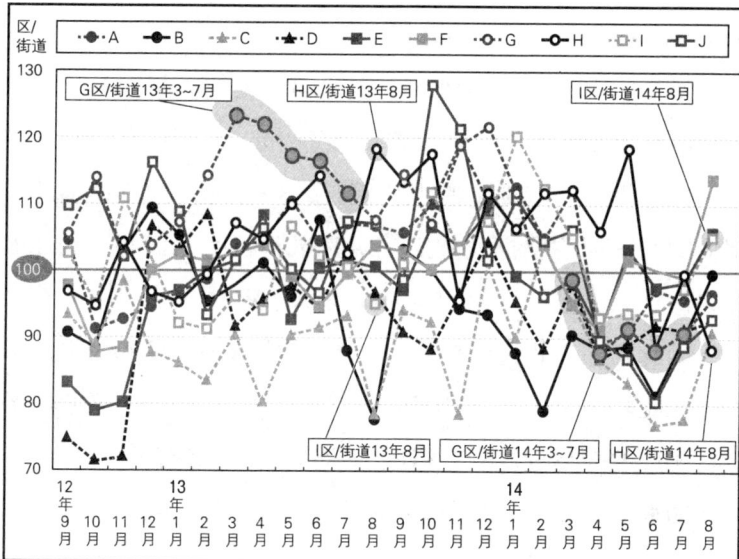

图表 1　主要 10 大区 / 街道总销售额前年比月度推移图

　　原本前年比就是一个相对的指标。前一年不景气，下一年却增长了，反之，前一年形势大好，下一年却又萎靡不振的情况时而有之。图表 1 中的 I、H 区/街道在 2013 年 8 月和 2014 年 8 月出现的落差便是其中一个例子。G 区/街道的情况也类似，2013 年呈现出了不错的增长，第二年却受到了反作用影响而增长困难。比较一下图表 1 中 G 区/街道（用阴影圈出的地方）2012 年 3~7 月与 2013 年 3~7 月的前年比便一目了然。

　　当然，既然持续增长是企业的生命线，那么前年比作为重要的指标之一的立场是不容否认的。然而，从中长期的视角来看，要达成明确课题的目的，移动平均绝对是不可或缺的重要指标。

若是能有带 ID 的顾客数据，那它的重要性就更加不可估量了。因为这样一来，我们就有可能把握到店铺商圈内各个区/街道及各年龄层顾客的情况，不仅如此，甚至有可能以品群、类别为单位进行进一步深入挖掘。

接下来，看一看**图表 2**。该图表按照移动平均的手法对表格进行了处理。所使用的数据虽与图表 1 完全相同，但呈现出的结果大相径庭。

图表 2　主要 10 大区 / 街道总销售额移动平均

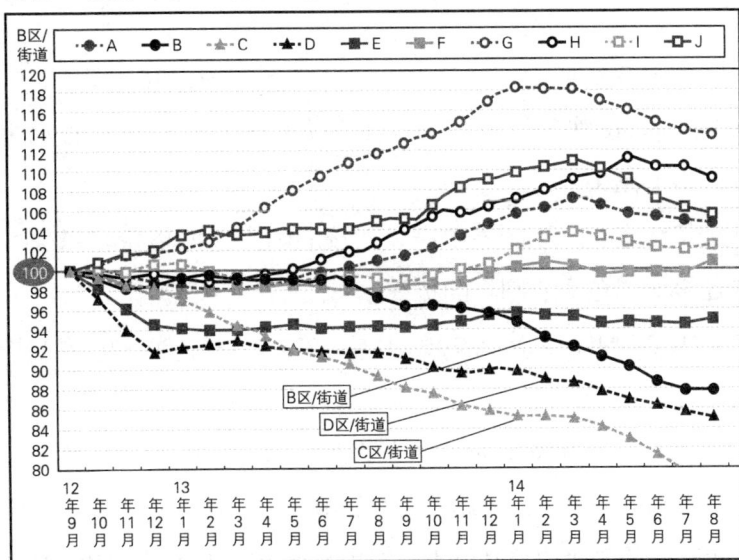

※将2011年8月~2012年7月的12个月间的实际销售额设为100。

观察图表 2 可知，以中央位置的 100% 为界，曲线呈现出明显的上升和下降趋势。以其中下降至最低点的 C 区/街道为首、D 区/街道、B 区/街道等都出现了明显的下降趋势——这一点一眼便能看出。通过对移动平均的可视化处理，前面图表 1 中难以抓住的、不得不设法进行应对的课题很快浮出水面。

我试着用移动平均对某零售连锁店的啤酒类饮料的年龄层动向进行表格处理后，发现了一个让人十分意外的结果。这个我将在下面部分进行介绍。

移动平均显示一直在增长的竟是年轻人！

图表 3 是将 11 年 9 月到第二年的 8 月为止的一年内，购买 new genre 啤酒的顾客数量（会员）分年龄层进行移动平均分析的结果。

请注意看一下图表中虚线连接的圆点（网格状）以及实线连接的黑色实心圆点的折线。

由上到下，依次为 20～24 岁、25～29 岁、30～39 岁，均为年轻人。

会员中，20 多岁的年轻人的数量极少，这几乎是各地零售都面临的一个共同课题。受其影响，与其他年龄层相比，这个年龄层的变化也极其巨大。但单从这家零售连锁店的情况来看，年龄层越小，增长越明显至少已经成为不容置疑的事实。

接下来再来看一下**图表 4**。最近，适当控制了发泡酒、糖分、嘌呤碱等含量的商品突然备受关注。图表 4 便是以这

图表 3　new genre 啤酒的移动平均：顾客数量（会员数量）

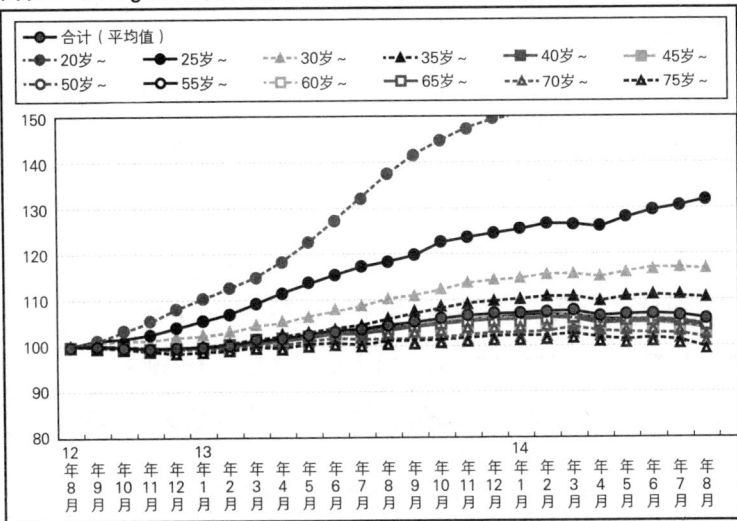

图表 4　低卡路里类啤酒的移动平均：顾客数量（会员数量）

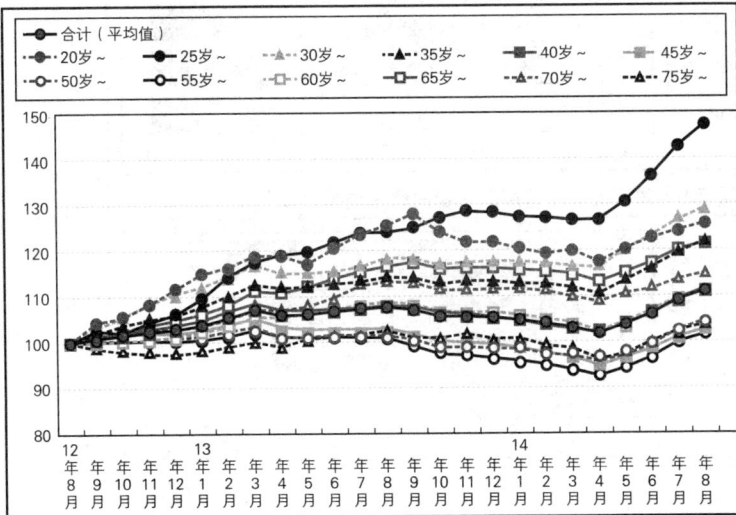

类商品为对象，将其购买顾客的数量按照与图表 3 相同的方法进行移动平均分析的结果。

图表 4 也得出了相同的结论。在商品种类日益增多的低卡路里型啤酒饮料中，也出现了年龄层越低支持率越高的倾向。

图表 5 的数据则是对上述移动平均结果的又一个力证。该表对比了 2011 年到 2014 年上半年期间，不同年龄层的总购买件数的比例变化情况。由图表可知，20~39 岁的年龄层的比例不仅没有减少，反而呈现出了一直在扩大的倾向。

图表 5 new genre 啤酒各年龄层消费者占比（购买件数）

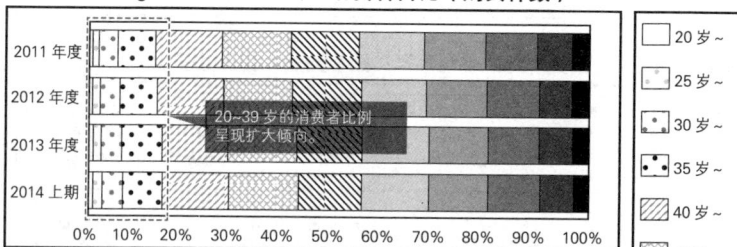

20~39 岁的消费者比例呈现扩大倾向。

图表 6 发泡酒各年龄层消费者占比（购买件数）

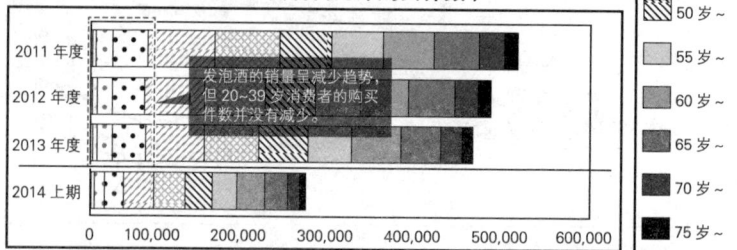

发泡酒的销量呈减少趋势，但 20~39 岁消费者的购买件数并没有减少。

有趣的是，就连总购买件数年年递减的发泡酒，其中 20~39 岁年龄层的比例也并未出现任何减少的倾向。关于这一点，我们也可以在**图表** 6（该表所展示的并非比例，而是总购买件数）中得到明证。看到这样的数据摆在眼前，我不禁又要追问：年轻人真的远离啤酒系饮料了吗？

不再追捧"总之，先来杯啤酒吧"潮流的年轻人增加的影响何在？

从出货的角度来看，啤酒确实长期处于缩水状态。发泡酒也因为 new genre 啤酒的抬头处境艰难。如今，只有 new genre 一枝独秀的事实，也是毋庸置疑的。因为市场的出货数据已经十分清楚地向人们展示了这个事实。

然而，直接将年轻人不爱喝啤酒列为其中一个主要原因的根据，例如能够说明其中因果关系的具体数据等，实际上却几乎从未见过。市场出货的数据原本也没有包含年龄层这个标签。

日经也曾大肆报道过，年轻人中从啤酒类饮料转向烧 High、High Ball 类饮料甚至转向红酒的风气盛行。同样，这种论调也并没有任何数据支撑。当然，他们并没有提供任何数据来证明啤酒类饮料的爱好者中到底有多大比例的人转向了红酒等。

事实上，只要稍加留心你应该就会发现，所有与趋势相关的报道，几乎都没有出现任何区分年龄层的调查数据。

如此一来，对从事 SM 事业的人来说，首先要格外重视自家店铺、自家卖场的"感觉"。此外，如果有自家店铺相关的数据，自己动手对其进行验证也是十分重要的。最关键的是，千万不要陷入"想当然"的泥潭而不可自拔。

以这次的主题啤酒类饮料为例，它的市场所涉及的行业五花八门，例如便利店、酒类折扣店、餐饮店、居酒屋等。年轻人不爱喝啤酒，说起来简单，但实际上，啤酒流通渠道的多样性也是我们要考虑的。

尽管总量在减少，但可能只是便利店的使用者在减少，而价格便宜的 SM 的使用者反而在增加。年轻人在居酒屋喝啤酒的习惯在慢慢减少，也有可能是年轻人刻意要制造出一种不爱喝酒的印象等。

不再追捧"总之，先来杯啤酒吧"的年轻人的增加与不在 SM 购买啤酒的人的增加，二者之间并没有直接的因果关系。前者的增加不一定会带来后者的联动变化。当然，除非有数据能够证明。总之，我想强调的是，只要没有具体的、分年龄层的数据支撑，一切论断归根结底也只是推测。

图表 7 是以 2012 年购买了酒类商品却未购买任何红酒商品的顾客，以及 2013 年购买了红酒的 17510 名顾客为对象进行的数据分析。该表旨在通过不同年龄层的比较来调查 2013 年新购买红酒的行为是否会对同年啤酒类饮料购买件数产生影响。

若年轻人中真的出现了从啤酒类饮料转向红酒的情况，那么，应该会出现以下现象：年轻人中，啤酒类饮料的销量

图表 7　■啤酒类饮料的销量和增长率（%）

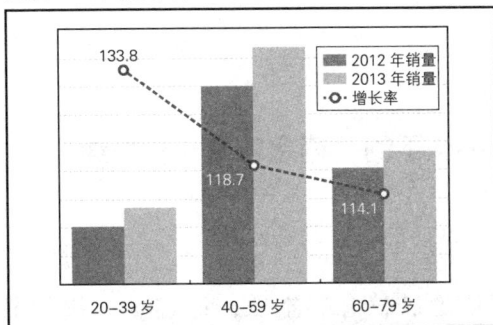

- 2012 年销量
- 2013 年销量
- ○- 增长率

133.8

118.7

114.1

20-39 岁　　40-59 岁　　60-79 岁

※对象顾客：在 2012 年购买过酒类产品但未购买红酒且在 2013 年购买过红酒的顾客

会下降，或者增长率会明显小于其他年龄层的顾客。图表 7 就是对上述假设进行验证的结果。啤酒类饮料在 20~39 岁这个年龄层销量的增长，竟出乎意料地高于其他年龄层。

很遗憾，在这里我们没能找到年轻人从啤酒转向红酒（这也是讨论的年轻人不爱喝啤酒时常被提及的一点）的证据。但有一点需要说明的是，这些结果，包括前面的例子在内，说到底不过是一家零售连锁店的数据而已。

因此，我自然也不会凭借这个来下一个"年轻人并没有不爱喝啤酒"的结论。但是，我想这个结果至少足以提醒大家认识到这样一个事实，那就是某些"趋势"，尽管总论是"正确的"，但其"分论"也有可能是"错误的"。

如今这个时代，人们的想法、性格各异，众说纷纭、各执一词的局面或许在所难免。但对于零售界这个素有变化应对专业户之称的领域，我们的言论必须要有切实的数据支撑，通过真实数据的举证来经营。对于"想当然"的行为，则务必杜绝。关于这一点，我想这次的数据分析结果也应该给人们敲响了警钟。

"想当然"名义下的"信念"是一种束缚

应该没有人会认为拥有信念是一件坏事吧。然而，哲学家尼采曾一语道破信念的本质，说它是"真相最危险的敌人"。"想当然"这种东西，与所谓的"信念"很相近，即二者都十分麻烦且根深蒂固。只要没有合适的契机出现，它们就永远没有可能被颠覆。

因此，想要打破趋势也并非易事。只要这种接近信念一般的"想当然"还在，即使经验丰富的老手也很难从新的视角去看待事物。那么，如何才能打破这种"想当然"从而获得新的视角呢？我认为，答案只有一个，那就是真诚地面对顾客。

这个时候，顾客数据分析将会成为有力的手段之一。只有对它进行有效灵活的运用，才能准确把握时代的趋势。如果有人至今仍对顾客数据抱有偏见，认为其不可用，那我们我建议他不妨先抛弃这个"想当然"的信念，再开始零售的宏伟大业吧。

后　记

　　伴随销售渠道的多样化发展，为了吸引更多的顾客来店，标榜制造零售的 SM 重点开展了一系列以更富魅力的生鲜、副食为中心的店内加工商品、PB 商品、专卖商品的开发。通过不断增加只有在"那家零售公司""那家店"才能买到的商品种类，寻求与其他公司的差异化竞争。据推测，该种尝试在今后会呈现愈演愈烈之势。因此，高精度的验证显得越来越重要。

　　事实上，并不需要强制进行 2 次、3 次加工，只要推进顾客数据分析系统的开发，便能让数据更贴近我们的生活。首先，对数据产生兴趣，在日常经营中时刻都留意数据的态度非常重要。时下，与大数据相关的话题甚嚣尘上，但对于大部分 SM（其中一部分除外）而言，真正要做的是对手头已有数据进行更深入的挖掘和利用。

　　对数据进行有效利用，并不需要高超的分析技巧。每天都认真对待经营的人，自然会产生各种疑问、碰到各种课题。这个时候若有数据可以依靠，就没必要一个人赤手空拳来解决这些疑问和课题了。

通过数据分析，发现有效的对策——能做这件事的并不是分析师，而是每天跟商品、顾客打交道的生意人，只有他们才能做到。若无法带来真正的解决方案，再高超的分析也毫无意义。对于这一点，我们应该有更深刻的认识。

"服务的细节" 系列

《卖得好的陈列》：日本"卖场设计第一人"永岛幸夫
定价：26.00元

《为何顾客会在店里生气》：家电卖场销售人员必读
定价：26.00元

《完全餐饮店》：一本旨在长期适用的餐饮店经营实务书
定价：32.00元

《完全商品陈列115例》：畅销的陈列就是将消费心理可视化
定价：30.00元

《让顾客爱上店铺1——东急手创馆》：零售业的非一般热销秘诀
定价：29.00元

《如何让顾客的不满产生利润》：重印25次之多的服务学经典著作
定价：29.00元

《新川服务圣经——餐饮店员工必学的52条待客之道》：日本"服务之神"新川义弘亲授服务论
定价：23.00元

《让顾客爱上店铺2——三宅一生》：日本最著名奢侈品品牌、时尚设计与商业活动完美平衡的典范
定价：28.00元

《摸过顾客的脚才能卖对鞋》：你所不知道的服务技巧，鞋子卖场销售的第一本书
定价：22.00 元

《繁荣店的问卷调查术》：成就服务业旺铺的问卷调查术
定价：26.00 元

《菜鸟餐饮店 30 天繁荣记》：帮助无数经营不善的店铺起死回生的日本餐饮第一顾问
定价：28.00 元

《最勾引顾客的招牌》：成功的招牌是最好的营销，好招牌分分钟替你召顾客！
定价：36.00 元

《会切西红柿，就能做餐饮》：没有比餐饮更好做的卖卖！饭店经营的"用户体验学"。
定价：28.00 元

《制造型零售业——7-ELEVEn 的服务升级》：看日本人如何将美国人经营破产的便利店打造为全球连锁便利店 NO.1！
定价：38.00 元

《店铺防盗》：7大步骤消灭外盗，11种方法杜绝内盗，最强大店铺防盗书！
定价：28.00元

《中小企业自媒体集客术》：教你玩转拉动型销售的7大自媒体集客工具，让顾客主动找上门！
定价：36.00元

《敢挑选顾客的店铺才能赚钱》：日本店铺招牌设计第一人亲授打造各行业旺铺的真实成功案例
定价：32.00元

《餐饮店投诉应对术》：日本23家顶级餐饮集团投诉应对标准手册，迄今为止最全面最权威最专业的餐饮业投诉应对书。
定价：28.00元

《大数据时代的社区小店》：大数据的小店实践先驱者、海尔电器的日本教练传授小店经营的数据之道
定价：28.00元

《线下体验店》：日本"体验式销售法"第一人教你如何赋予O2O最完美的着地！
定价：32.00元

《医患纠纷解决术》：日本医疗服务第一指导书，医院管理层、医疗一线人员必读书！ 医护专业入职必备！
定价：38.00 元

《迪士尼店长心法》：让迪士尼主题乐园里的餐饮店、零售店、酒店的服务成为公认第一的，不是硬件设施，而是店长的思维方式。
定价：28.00 元

《女装经营圣经》：上市一周就登上日本亚马逊畅销榜的女装成功经营学，中文版本终于面世！
定价：36.00 元

《医师接诊艺术》：2 秒速读患者表情，快速建立新赖关系！ 日本国宝级医生日野原重明先生重磅推荐！
定价：36.00 元

《超人气餐饮店促销大全》：图解型最完全实战型促销书，200 个历经检验的餐饮店促销成功案例，全方位深挖能让顾客进店的每一个突破点！
定价：46.80 元

《服务的初心》：服务的对象十人百样，服务的方式千变万化，唯有，初心不改！
定价：39.80 元

《最强导购成交术》：解决导购员最头疼的 55 个问题，快速提升成交率！
定价：36.00 元

《帝国酒店——恰到好处的服务》：日本第一国宾馆的 5 秒钟魅力神话，据说每一位客人都想再来一次！
定价：33.00 元

《餐饮店长如何带队伍》：解决餐饮店长头疼的问题——员工力！ 让团队帮你去赚钱！
定价：36.00 元

《漫画餐饮店经营》：老板、店长、厨师必须直面的 25 个营业额下降、顾客流失的场景
定价：36.00 元

《店铺服务体验师报告》：揭发你习以为常的待客漏洞　深挖你见怪不怪的服务死角　50 个客户极致体验法则
定价：38.00 元

《餐饮店超低风险运营策略》：致餐饮业有志创业者＆计划扩大规模的经营者＆与低迷经营苦战的管理者的最强支援书
定价：42.00 元

《零售现场力》：全世界销售额第一名的三越伊势丹董事长经营思想之集大成，不仅仅是零售业，对整个服务业来说，现场力都是第一要素。
定价：38.00 元

《别人家的店为什么卖得好》：畅销商品、人气旺铺的销售秘密到底在哪里？ 到底应该怎么学？ 人人都能玩得转的超简明 MBA
定价：38.00 元

《顶级销售员做单训练》：世界超级销售员亲述做单心得，亲手培养出数千名优秀销售员！ 日文原版自出版后每月加印 3 次，销售人员做单必备。
定价：38.00 元

《店长手绘 POP 引流术》：专治"顾客门前走，就是不进门"，让你顾客盈门、营业额不断上涨的 POP 引流术！
定价：39.80 元

《不懂大数据，怎么做餐饮？》：餐饮店倒闭的最大原因就是"讨厌数据的糊涂账"经营模式。
定价：38.00 元

《零售店长就该这么干》：电商时代的实体店长自我变革。
定价：38.00 元

《生鲜超市工作手册蔬果篇》：海量
图解日本生鲜超市先进管理技能
定价：38.00 元

《生鲜超市工作手册肉禽篇》：海量
图解日本生鲜超市先进管理技能
定价：38.00 元

《生鲜超市工作手册水产篇》：海量
图解日本生鲜超市先进管理技能
定价：38.00 元

《生鲜超市工作手册日配篇》：海量
图解日本生鲜超市先进管理技能
定价：38.00 元

《生鲜超市工作手册副食调料篇》：
海量图解日本生鲜超市先进管理技能
定价：48.00 元

《生鲜超市工作手册 POP 篇》：海量
图解日本生鲜超市先进管理技能
定价：38.00 元

《日本新干线 7 分钟清扫奇迹》：我们
的商品不是清扫，而是"旅途的回忆"
定价：39.80 元

《像顾客一样思考》：不懂你，又怎
样搞定你？
定价：38.00 元

《好服务是设计出来的》：设计，是对服务的思考
定价：38.00元

《让头回客成为回头客》：回头客才是企业持续盈利的基石
定价：38.00元

《餐饮连锁这样做》：日本餐饮连锁店经营指导第一人
定价：39.00元

《养老院长的12堂管理辅导课》：90%的养老院长管理烦恼在这里都能找到答案
定价：39.80元

《大数据时代的医疗革命》：不放过每一个数据，不轻视每一个偶然
定价：38.00元

《如何战胜竞争店》：在众多同类型店铺中脱颖而出
定价：38.00元

《这样打造一流卖场》：能让顾客快乐购物的才是一流卖场
定价：38.00元

《店长促销烦恼急救箱》：经营者、店长、店员都必读的"经营学问书"
定价：38.00元

《餐饮店爆品打造与集客法则》：迅速提高营业额的"五感菜品"与"集客步骤"

定价：58.00 元

《赚钱美发店的经营学问》：一本书全方位掌握一流美发店经营知识

定价：52.00 元

《新零售全渠道战略》：让顾客认识到"这家店真好，可以随时随地下单、取货"

定价：48.00 元

《良医有道：成为好医生的 100 个指路牌》：做医生，走经由"救治和帮助别人而使自己圆满"的道路

定价：58.00 元

《口腔诊所经营 88 法则》：引领数百家口腔诊所走向成功的日本口腔经营之神的策略

定价：45.00 元

《来自 2 万名店长的餐饮投诉应对术》：如何搞定世界上最挑剔的顾客

定价：48.00 元

《超市经营数据分析、管理指南》：来自日本的超市精细化管理实操读本

定价：60.00 元

《超市管理者现场工作指南》：来自日本的超市精细化管理实操读本

定价：60.00 元

《超市投诉现场应对指南》： 来自日本的超市精细化管理实操读本
定价： 60.00 元

《超市现场陈列与展示指南》
定价： 60.00 元

《向日本超市店长学习合法经营之道》
定价： 78.00 元

《让食品网店销售额增加 10 倍的技巧》
定价： 68.00 元

《让顾客不请自来！ 卖场打造 84 法则》
定价： 68.00 元

《有趣就畅销！ 商品陈列 99 法则》
定价： 68.00 元

《成为区域旺店第一步——竞争店调查》
定价： 68.00 元

《餐饮店如何打造获利菜单》
定价： 68.00 元

《日本家具 & 家居零售巨头 NITORI 的成功五原则》
定价： 58.00 元

《咖啡店卖的并不是咖啡》
定价： 68.00 元

《革新餐饮业态： 胡椒厨房创始人的突破之道》
定价： 58.00 元

《餐饮店简单改换门面， 就能增加新顾客》
定价： 68.00 元

《让 POP 会讲故事， 商品就能卖得好》
定价： 68.00 元

《经营自有品牌： 来自欧美市场的实践与调查》
定价： 78.00 元

《卖场数据化经营》
定价： 58.00 元

《超市店长工作术》
定价： 58.00 元

更多本系列精品图书，敬请期待！

图字：01-2018-1192 号

URIBA WO KAGAKU SURU © KAZUAKI KIYOHARA 2016
Originally published in Japan in 2016 by THE SHOGYOKAI PUBLISHING CO., LTD.
Simplified Chinese translation rights arranged through TOHAN CORPORATION, TOKYO,
and Hanhe International (HK) Co., Ltd.

中文简体字版专有权属东方出版社

图书在版编目（CIP）数据

卖场数据化经营／（日）清原和明 著；洪娟 译. —北京：东方出版社，2018. 10
（服务的细节；077）
ISBN 978-7-5207-0593-6

Ⅰ. ①卖…　Ⅱ. ①清…②洪…　Ⅲ. ①数据管理系统—应用—商店—商业管理　Ⅳ. ①F717-39

中国版本图书馆 CIP 数据核字（2018）第 218274 号

服务的细节 077：卖场数据化经营
（FUWU DE XIJIE 077：MAICHANG SHUJUHUA JINGYING）

作　　者：[日] 清原和明
译　　者：洪　娟
责任编辑：崔雁行　高琛倩
出　　版：东方出版社
发　　行：人民东方出版传媒有限公司
地　　址：北京市东城区东四十条 113 号
邮　　编：100007
印　　刷：北京文昌阁彩色印刷有限责任公司
版　　次：2018 年 10 月第 1 版
印　　次：2018 年 10 月第 1 次印刷
开　　本：880 毫米×1230 毫米　1/32
印　　张：8. 625
字　　数：143 千字
书　　号：ISBN 978-7-5207-0593-6
定　　价：58. 00 元
发行电话：(010) 85924663　85924644　85924641
